KB264878

일본에 살아 있는 백제문화

임 동 권

도서출판 주류성

일본에 살아 있는 백제문화

저   자 : 임 동 권
저 작 권 자 : (재) 백제문화개발연구원
발   행 : 도서출판 주류성
발 행 인 : 최 병 식
편 집 인 : 서 동 인
인 쇄 일 : 2004년 7월 20일
발 행 일 : 2004년 7월 30일
등 록 일 : 1992년 3월 19일 제 21-325호
주   소 : 서울특별시 서초구 서초동 1305-5 창람(蒼藍)빌딩

T E L : 02-3481-1024(대표전화)
F A X : 02-3482-0656
HOMEPAGE : www.juluesung.com / www.juluesung.co.kr
E - M A I L : juluesung@yahoo.co.kr

값 9,000원

잘못된 책은 교환해 드립니다.
ISBN 89-87096-34-3 93910

본 역사문고는 국사편찬위원회를 통한 국고보조금으로 진행되는
3개년 계획 출판사업입니다.

구마모토 일라신사

요시노가리 왕인궁미마지사적현창비

도쿄의 중심가인 우에노 공원에 세워진 왕인박사비. 일본인과 한국인 교포들의 성금으로 이 비석이 세워졌다.

충남 부여에 세워진 미마지 사적현창비

◀ 오미 백제사 입구. 백제사를 알리는 돌 안내판이 마치 한국의 어느 마을 앞에 선 표지석처럼 느껴진다.

▲ 오미(近江)에 있는 백제사 산문대전. 백제로부터 내려간 고대 한반도인들이 이 지역에 터전을 잡으면서 각지에 백제 문화의 흔적을 남겼다.

▼ 백제왕신사. 특히 서일본 지역에는 어디를 가나 백제사라든가 한반도의 영향을 받은 유적이 흔하다.

▼ 백제국 우두천왕신사. 우두천황을 일부에서는 '소시모리'라고 해석하기도 한다.

히라가타 백제사적으로, 본래 백제사가 있었던 자리이다.

히라가타에 있는 백제사 유적. 안내판
에는 특별사적 백제사적 배치도라고
소개하고 있다.

히라가타의 백제왕신사. 백제인
들이 일찍부터 진출해 있던 이
지역에는 백제사라는 이름의 절
이 비교적 많다.

복신장군

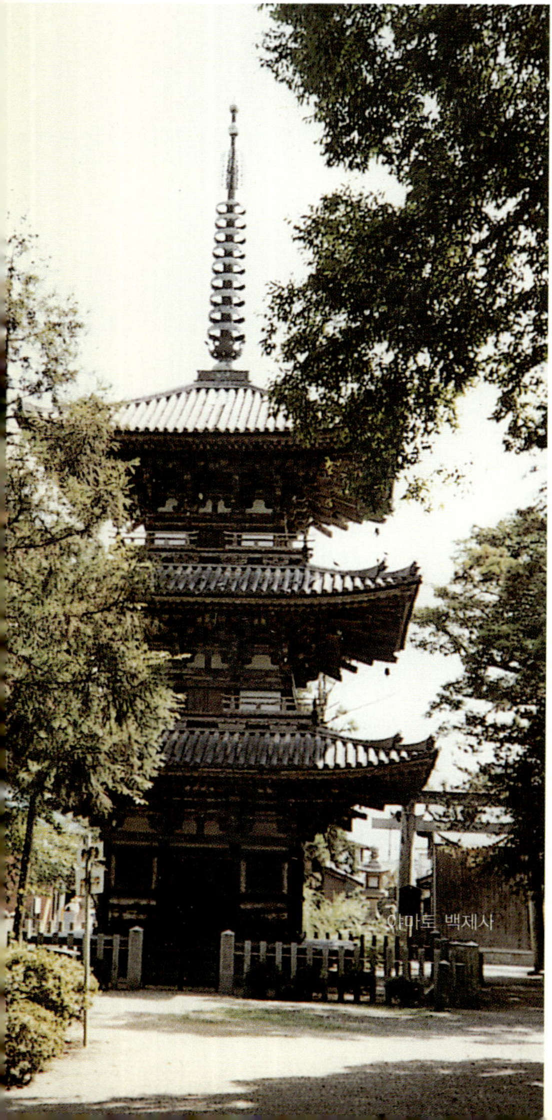

포생의 귀실집사신사

오사카 시내의 구다라역

야마토 백제사

백제사 안내판

百済寺

日本書紀　舒明天皇の11年(639)12月の条に「是の月 百済川の側に九重塔を建つ」とあり、聖徳太子が平群郡熊凝に建てた熊凝精舎をこの地に移し、百済大寺と名づけたと伝えられる。

その後、火災にあうが皇極天皇の時に再建し、天武天皇の時に至って伽藍を高市郡に移し大宮大寺と称したと伝えられるが明確ではな

現存している三重塔は鎌倉中期の建築(昭和5年解体修理)と考えられ、明治39年国の重要文化財に指定されている。

本堂は大職冠と呼ばれ、方三間単層、入母屋造りで、内陣に本尊民沙門天像がまつられている。

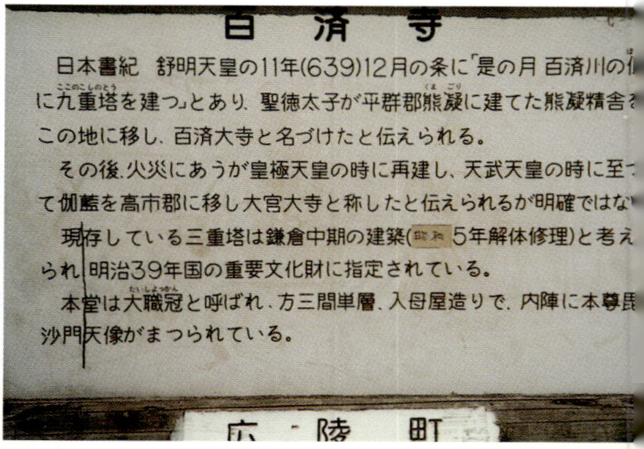

귀실집사의 묘비
귀실신사의 궁녀와 무녀

미카도신사 도리이 앞 행렬

시하쓰마쓰리(師走祭) 빨래하는 의식

히끼신사

시하쓰마쓰리(師走祭) 2인의 대무

정가왕비의 비석

불놓는 의식

정가왕 묘제

일본에 살아 있는 백제문화

머리말

이 책은 「백제문화개발연구원 역사문고」 시리즈 중의 하나이다. 「백제문화개발연구원 역사문고」는 백제의 역사와 문화를 국민들에게 쉽게 읽을 수 있도록 기획한 교양문고 총서이다.

그동안 많은 학자들에 의해서 백제 연구가 있었다. 특히 이번 기획을 담당한 백제문화개발연구원은 백제 연구에 주력하여 많은 성과를 거두었고, 이어 의욕적으로 교양도서로서 백제역사문고 30권 출간에 착수한 것으로 알고 있다.

나는 백제사 전공이 아니다. 다만 내가 한 때 연구원과 인연이 있어 참여한 일이 있고, 민속학자로서 한국문화의 일본전파에 관심을 갖고 학회나 강연 차 일본에 갈 기회가 비교적 많은 편이었기 때문에 그 때마다 틈을 내어 일본 각지를 여행하고 도서관에 들러 자료탐색을 자주 했다. 그러던 중 일본의 고대문화는 백제문화의 영향이 두드러짐을 알게 되었으며, 1994년에는 한국국제교류재단의 주선으로 '일본 안의 백제문화'를 출간한 바 있다.

이것이 인연이 되어 이번 총서 중의 하나인 「일본에 살아 있는 백제문화」를 출간하게 되었다.

지난번의 저서 「일본 안의 백제문화」는 주로 민속학적인 시각에서 서술하였으나 이번 기획과 서명(書名)이 유사하기 때문에 내용 상 중복될 수밖에 없는 경우가 있어 고민스러웠다. 백제 왕씨의 문제를 언급하지 않을 수 없고 또 백제민속의 연장선에서 이루어진 시하스마츠리(師走祭)를 언급하지 않을 수 없어 서술을 다소 달리하는데 그쳤다.

백제문화는 일찍부터 동쪽으로 바다를 건너가 일본 고대문화의 형성과 발전에 크게 기여하였다. 이를 고증하기 위하여 고문헌에서 자료를 찾아야 했으며 현지에 가서 답사를 통해서 확인해야 하는 어려움이 있었다. 그러나 짧은 시일에 충분한 시간이 없어 선학들의 성과를 많이 수용하게 되었다.

백제와 일본의 고대문화를 다룰 때에는 마땅히 고고학·불교학·불교미술사에서의 접근이 있어야 하나 그것은 나의 전공을 벗어난 일이고 또 문외한이어서 서술하지 못했다. 다행히 그러한 기획이 따로 있는 것으로 알고 있어서 여기에서는 깊이 언급하지 않았음을 밝혀둔다.

2004. 6. 하지(夏至)

복선재(福善齋)에서

임동권 識

일러두기

  대중이 읽을 수 있게 쉽게 쓰려고 노력하였으나 써놓고 보니 내가 읽어도 쉽지 않은 느낌이다. 그 원인은 1,400년 전 일본에서의 일이고, 당시의 인명·지명이 현대어와는 차이가 많이 있는 데다 벽자(僻字)가 많아서 독자에게는 생소하므로 쉽게 받아들여지지 않을 것이어서 걱정이다. 이해를 바란다.

  ① 일본의 인명과 지명 중에는 우리에게 알려진 것도 있으나 여기에 등장하는 인명·지명은 생소한 것이 많다. 그러한 경우에는 한자음과 일본어음을 상황에 따라 혼용했다.

예)	왕인	와니	王仁	王爾	王仁吉師	鰐
	평안궁	헤이안구	平安宮			
	환무천황	감무덴노	桓武天皇			
	대산지신	오야마쓰미가미	大山祇神	大山積神		
	구주	규슈	九州			
	근기	긴끼	近畿			
	육오	무쓰	陸奧			
	조신	아손	朝臣			
	숙니	쓰쿠네	宿禰			
	무녀	미코	巫女			
	궁사	구지	宮司			

② 우리에게 알려 있는 지명은 일본음을 그대로 기록했다.

예)　도쿄　　　東京
　　오사카　　大阪
　　교토　　　京都
　　나니와　　難波

③ 백제유민의 이름은 가급적 한자음 대로 적었다.
　 일본의 고문헌은 한자음 대로 기록했다.

예)　　일본서기　　　日本書紀
　　　속일본기　　　續日本紀
　　　일본후기　　　日本後紀
　　　신찬성씨록　　新撰姓氏錄

차 례

차 례

백제문화의 일본전파

1. 왕인(王仁)과 문자전수(文字傳授)

왕인은 백제 땅인 지금의 전라남도 영암군 성기동(聖基洞)에서 출생하여 성장기에 월출산에서 공부를 한 것으로 전해오고 있다. 왕인박사를 기리기 위해서 그 일대를 성역화하는 작업이 진행되고 있다. 국내의 문헌에서는 왕인에 관한 기록을 찾아보기 어려운데, 일본의 고 문헌에는 천자문과 논어를 가지고 와서 일본에 처음으로 한자를 전하고 가르친 것으로 전해오고 있다.

일본의 가장 오랜 문헌인 고사기(古事記)에 의하면 백제의 소고왕(昭古王)에게 현인(賢人)을 보내달라고 청하였더니 와니기시(和邇吉師)가 논어 10권·천자문 1권을 가지고 왔고 이밖에 쇠를 달구는 야공(冶工)과 옷감을 짜는 직조공(織造工), 술을 빚을 줄 아는 양조공(釀造工)도 함께 왔다고 했다. 여기에서 말하는 와니기시의 와니는 왕인(王仁)이고 기시란 귀인(=君)을 뜻하는 것으로 해석하고 있다. 즉 왕인이 일본에 논어와 천자문을 가지고 갈 때에 기술자들을 동반하였음을 알 수 있다.

일본의 고사기에 소고왕이라 하였는데 아마 백제의 초고왕(肖古王), 아니면 근초고왕(近肖古王)의 잘못된 기록으로 학계에서는 해석하고 있다. 왕인은 아직 문자가 없었던 일본에 처음으로 한자를 전달하였으니 일본 기록문화의 시원을 이룬 셈이다.

왕인이 일본에 간 연대에 대해서 고사기에서는 응신(應神) 16년(AD 285) 을사(乙巳)라 하였으나 일본의 정사라 할 수 있는 일본서기(日本書紀)에서는 고사기보다 120년 늦은 405년께 일본에 온 것으로 되어 있다. 왕인이 논어와 천자문을 가지고 온 것은 인정하나 그 시기에 대해서는 기록에 차이가 있다. 여기에 대해서 이병도(李丙燾) 박사는 4세기 말로 보았는데, 그 이유로서 4세기에 들어 백제는 중국의 동진(東晋)과 국교를 맺은 이후 중원의 문물을 많이 받아들였고, 일본과도 교류가 있었으니 이 무렵 즉 4세기 말경에 왕인이 일본에 갔을 것이란 견해를 나타낸 바 있다.

왕인은 일본에 가서 학자로 중용되어 태자의 스승이 되었으니 16대왕 인덕천황(仁德天皇)을 왕인이 가르친 것이다. 문자를 모르던 일본에서 왕인은 학자로서 높이 평가받았을 것이며 학문의 시조로 대륙의 문물을 전하고 유교를 일으키는데 크게 공헌했다. 왕실의 스승으로 왕도를 세워 나라를 다스리는 법을 가르치고 그 후손들도 조정에 등용되어 활약했다. 즉 왕인의 후예인 문(文)씨는 제기(帝紀)의 기록에 참여한 것으로 전한다.

왕인의 후손들은 주로 가와치국(河內國) 일대에 정착하였는데 이곳은 지금의 오사까(大阪) 일대이다. 이 일대에는 백제에서 신천지를 찾아서 건너간 사람들의 집단거주지였다. 지금도 이 일대에는 백제(百濟)란 지명이 수 없이 많이 남아있다.

왕인과 함께 일본에 간 기술자들은 일본에 새 문명을 일으키는데 크게 기여했음은 물론이다. 일본 학계의 일부에서는 왕인박사의 기록과 업적을 의심하고 과소평가하는 경향도 있으나 일본의 도처에 왕인에 관한 사적과 유적이 현존하여 주변 사람들로부터 숭앙되고 있으니 그 유적들은 다음과 같다.

1) 도쿄(東京) 우에노(上野) 공원의 왕인박사비

일본 도쿄 중심가의 우에노(上野) 공원 안에 왕인박사를 추앙하는 큰 기념비가 있다 이 비는 1941년 즉, 해방 직전 세계 제2차대전이 시작되던 때에 세워졌다. 우리는 우리말조차 마음대로 쓰지 못하고 성도 일본식으로 갈아야 했던 가장 불행하던 시기이다. 이러한 상황에서 일제는 수도의 가장 복판인 우에노공원에 왕인박사의 비를 세운 것이다. 전시의 급박한 상황에서도 일본문화에 끼친 왕인박사의 공적은 높이 평가되었다는 것이다.

이 비를 세우는 데에 협찬한 사람들의 이름이 기록되어 있으니 다음과 같다.

도쿄 우에노공원, 왕인박사비

恩資下賜창덕궁

義贊　　小林采男　외 2인

協贊　　公爵　　　近衛文磨呂 외 3인

　　　　候爵　　　德川義親　　외 2인

　　　　伯爵　　　淸浦奎吾　　외 3인

　　　　子爵　　　小笠原長生 외 2인

　　　　男爵　　　平沼騏一郎 외 153인 (그 중에 한국인 9인)

이상의 인사들은 황족과 고관대작들로 당대 일본을 대표하는 사람들이며 왕인박사의 비를 세우는데 공감하고 협찬한 것으로 해석된다.

비문의 요지는 다음과 같다.

역문(譯文)

박사 왕인은 백제 사람으로 당시 백제에서 큰 유생, 큰 지도자와 현인들로부터 존경을 받는 문장 도덕의 군자였다. 백제 고수왕 때 일본국 응신천황은 박사 왕인을 초빙했다. 왕인은 동16년(서기 285) 2월에 천자문과 논어를 가지고 일본에 와서 황태자의 사부가 되었다. 태자는 성인의 학문을 배워 성인의 도를 행하며 천하를 형에게 양위함으로써 후세에 모범을 보였다.

왕인의 학문은 크게 보급되고 성황을 이루어 위로는 조정으로부터 아래로는 일반 서민에 이르기까지 인륜도덕을 모르는 이가 없게 되었다. 그 중에서도 특히 뛰어난 사람은 길비직비(吉備直備), 관원도진(管原道眞), 등원성설(藤原惺窩), 이등인제(伊藤仁齊), 적생저래(荻生徂徠) 등 여러 군자들이요, 그 밖에도 학자 문인들이 속출하여 그 수를 헤아릴 수가 없었다. 이에 이르러 뜻이 있는 사람들은 왕인의 사당을 지어 제사를 올리고 비석을 세워 위업을 새겼다. 왕인의 자손으로 유명한 이가 적지 않으나 특히 뛰어나 걸출한 이가 대승정 행기(大僧正 行基)이다. 정말로 왕인의 위업은 찬연하다. 조선인 왕인에 대하여 일본인은 적극적으로 우러러 받들고 공경하지 않는 자가 없거니와 하물며 조선인으로서 그를 경모하지 않는다면 누구를 선현 군자로서 유림에 낄 수 있으리오.

공자는 춘추시대에 나서 만고에 사라지지 않는 인륜도덕을 밝혀서 천하 만세의 유림의 시조가 되고 박사 왕인은 공자 사후 760년만에 조선에 태어나서 일본국의 태자에게 충신 효제의 도를 가르쳐 널리 나라 안에 전수하여 1653년을 계승해 왔다. 천고의 왕인 박사의 위업이야말로 유구 위대하여 끝이 없다.

여기에 비석을 세우는 것은 오직 그의 끼친 바, 덕에 보답하려는데 그치지 않고 나아가 동방의 문화에 천년 만년토록 보익되기를 기원하는 바이다.

이 비문을 통해서 왕인 박사가 일본문화 특히 유학의 발전과 실천에 기여했음을 알 수 있고, 또 일본의 뜻있는 지도자나 식자들 사이에서 숭앙을 받았음도 알 수 있다.

이 비문 하나로 일본에서의 왕인박사의 업적은 평가된 셈이다. 즉 일본의 학통(学通)은 왕인박사에서 비롯되었고 대승정 행기(行基)는 왕인의 후손임을 밝히고 있다.

2) 왕인박사의 묘지

왕인박사의 묘라 주장하는 곳이 여러 곳에 있으나 가장 유력한 곳은 오사카부 가와치군(河內郡) 스가하라무라(管原村) 후지사카(藤阪) 고료다니(御陵谷)로 지금은 히라가타시(枚方市)이다. 인가가 드문 한촌이었으나 근래에는 찾는 이도 늘었다고 한다. 나지막한 야산인 동산이 있고 비교적 수목은 울창하며 3층 대석 위에 '박사왕인분(博士王仁墳)'이라고 쓴 높이 2.7m쯤 되는 비석이 서 있다. 이곳에서 40~50보 정도 떨

히라가타, 왕인박사묘 앞에서

어진 곳에 장방형의 자연석에 '박사왕인분(博士王仁墳)'이라고 쓴 또 하나의 묘비가 있다. 전자는 문정 10년(1820)에 건립했고, 후자는 1720년경에 당시의 영주에 의해서 세워진 것으로 알려져 있다. 이러한 점으로 미루어 이 동산에 왕인의 묘가 있었던 것으로 보이며 인근에는 왕인의 후손이라 자칭하는 사람들이 살고 있는데, 그들은 이곳을 왕인공원이라 부르고 있다.

1983년에 오사카부에서 사적으로 지정을 받아 함부로 출입하지 못하도록 울타리를 만들었고 1985년에는 '왕인총의 환경을 지키는 회'가 발족되어 주변 환경의 정화사업에 스스로 나서고 있다.

1992년에는 히라가타시에서 묘역 일대의 정비사업을 크게 벌여 주차장·휴게소 등 시설을 갖추고 공원화해서 그 면모를 일신하게 되었다

3) 와니(王仁) 뎅망구(天滿宮)

일본 규슈(九州)의 사가껭(佐賀縣) 간사키죠(神崎町) 다케하라(竹原)란 곳에 왕인박사를 모시고 제사하는 뎅망구(天滿宮)가 있다. 일명 와니다이묘진(鰐大明神)이라 부르기도 한다. 왕인을 일어로 발음 할 때에 '와니' 라 하는데, 이것은 왕인과 음이 같은 일본음 한자 와니(鰐)를 채택하여 표기한 것일 뿐, 한자 '鰐(악)' 의 본뜻인 '악어' 와는 아무런 관련이 없다. 따라서 와니(鰐)신사는 악어를 모신 신사가 아니다 왕인(王仁)신사임을 나타내고 있는 것이다.

이 지역은 일본의 대표적인 고대 유적지인 요시노카리(吉野ケ里)와 인접해 있으며, 요사노카리는 고대 한반도에서 바다를 건너간 사람들의 첫 정착지로서 일본 고대사 연구에 중요한 지역이다. 이곳에 왕인을 제사하는 사당이 있다는 것은 매우 흥미 있는 일이다. 즉 왕인이 목포 근처의 해안 상대포(上臺浦)에서 출항하여 첫 기착지가 요시노카리일 수도 있기 때문이다. 왕인이 당시 행정의 중심지인 가와치(河內, '가와우치' 에서 '가와치' 로 변음되었다. 오사까(大阪)로 가기 전에 이곳에 잠시 머물렀을 가능성도 있으며, 그래서 왕인을 제사하는 사당이 세워졌을 가능성도 있다.

신사에는 '왕인천만궁' 이라고 쓴 돌비석이 있는데, 높이 170cm 너비

사가, 왕인천만궁

63cm이다. 비석 중앙은 감실 모양으로 인물상이 조각되어 있는데 높이가 90cm나 된다. 머리에는 관을 쓰고 소매를 아래로 늘어뜨리고 있으며 얼굴은 둥근 편이다. 현지 사람들은 비석에 새겨진 인물상은 왕인박사의 모습이라고 전하며 매년 4월에 춘제, 8월에 추제로써 일년에 두 번 제사하고 있다. 신사 앞에 세워져 있는 안내판에도 그와 같은 내용이 기록되어 있다.

4) 와니진쟈(王仁神社)

오사카(大阪) 오요도구(大淀區, 지금은 北區) 다이진혼마치(大仁本町)
에 야사카신사(八坂神社)가 있고 그 경내에 왕인신사가 있다.

야사카신사의 창사 기록에 의하면 6백 년 전에 인근을 개간하는 과정
에서 땅속에 묻혀있던 신사 터를 발굴하고 절을 세웠다고 한다. 원래
이곳은 왕인을 제사하던 곳임을 알게 되어 새로 신사를 짓게 되었다는
것이다. 이것으로 보아 그 일대는 원래 왕인이 거주하던 곳이며 그를
숭앙하는 사람들에 의해서 신사가 있었던 자리임을 알 수 있다. 왕인신
사의 자리에 일제는 소화 16년(1941)에 사전(社殿)을 새로 지으면서 야
사카신사라 고쳐 부르게 되었으며, 원래의 주신인 왕인은 경내의 한쪽
에 규모도 작은 말사(末社)로 밀려났다. 야사카신사의 사서(史書) 중에
다음과 같은 기록이 있다.

긴끼(近畿) 내의 다섯 나라는 고대 대륙계 중에서 특히 백제계의 유적이 압도적으
로 많다. 이 유적들은 지금까지 거의 폐허가 되어 있으나 지금의 오사카의 이구노구
(生野區)를 중심으로 해서 그 주변 일대는 셋쓰국(攝津國) 백제군(百濟郡)이라 불
렀다. 이곳 히라노천(平野川)의 하류에는 백제천이 흐르고 있다. 이곳이 옛날 백제
군이었음은 명백한 일이다. 이 지역에는 백제인계의 여러 번(藩)을 비롯하여 이주
해 온 도래인들이 가장 번화했던 특별구역으로 지금도 큰 마을을 이루고 있다. 오요
도구(大淀區)에 다이진마치(大仁町)가 있는데 이는 왕인의 와전이다. …(중략)…사
카이시(堺市)에도 왕인을 제사하는 동원대명신(東原大明神)이 있고 벤뎅지(弁天

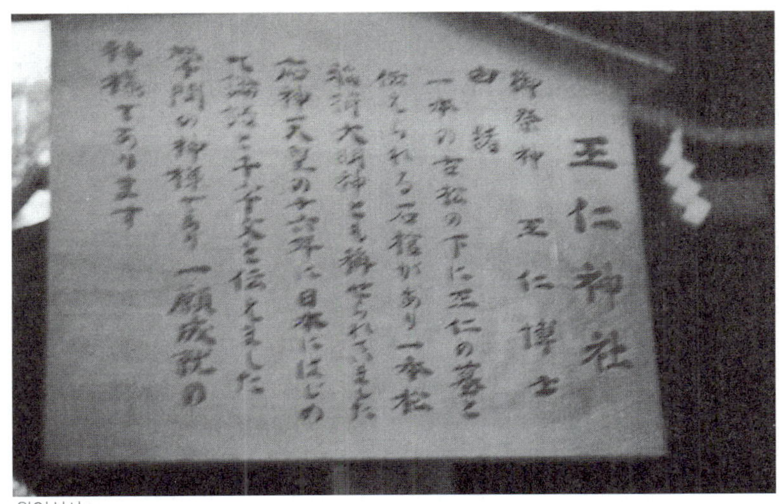

왕인신사

池)의 근처에 왕인의 성당자리가 남아 있다.

이상의 기록을 참작하면 옛날 일본 안에 백제군이 있었고 백제인들이 집결해서 살고 있었음을 알 수 있다.

왕인신사의 정면 도리이(鳥居)에 한자로 '왕인신사'(王仁神社)라 세워 쓴 액판(額板)이 걸려있고 신사의 유래를 기록한 게시판에는 다음과 같은 기록이 있다.

한 늙은 노송 아래에 왕인의 묘라 전하는 석관(石棺)이 있어 '입뽕마쓰다이묘징(一

요시노가리 왕인궁

本松大明神)' 이라 불러 왔다. 오징천황(應神天皇) 16년에 일본에 처음으로 논어와 천자문을 전한 학문의 신으로 이곳에 한 번 빌면 뜻이 성취된다는 신이다.

신사 안에는 나무로 조각한 왕인의 신상(神像)이 있는데, 긴 수염에 장옷을 입고 있으며 긴 지팡이를 집고 있는 신선 같은 모습이다.

5) 서림사(西琳寺)

1952년에 오사카후(大阪府) 미나미가와치군(南河內郡), 그러니까 지금의 하비키노시(羽曳野市)의 후루시쵸(古市町)에서 서림사의 5중탑 초석이 발굴되었다. 거찰(巨刹)인 서림사의 창건 연대는 설이 구구해서 정확히 알 수 없으나 긴메이천황(欽明天皇) 20년(AD.559)이란 기록이 있다. 믿기 어려우나 백제에서 일본에 불경과 불상을 보낸 것이 AD.552년임을 보면 가능한 일이다. 왕인의 후손인 서문수씨(西文首氏)의 자손인 아지고(阿志高)가 자택의 일부를 기증해서 지었으며 가람은 백제 식을 따른 것이라고 전한다.

서림사를 지은 호족은 왕인의 후손이라 전하는 문씨(文氏)와 서문씨(西文氏)로, 사찰의 규모로 보아 그들의 위세와 부를 짐작할 수 있다. 서림사는 특히 백제의 후예들 사이에서 숭상된 거찰로 당당한 위용을 보였으나 명치(明治) 초년에 파괴되어 소장한 문물도 사방으로 흩어졌다고 한다.

6) 기타 왕인과 관계된 신사

이밖에도 오사카 일대에는 왕인을 주신으로 모시는 신사가 여러 곳에 있으니 무카이신사(向井神社)·다카이시신사(高石神社)·하치오신사(八尾神社)·시라도리신사(白鳥神社) 등이 있다.

2. 미마지(味摩之)와 기악(伎樂)

백제인 미마지는 무왕(武王) 13년(A.D.612)에 일본에 건너가서 사꾸라이(櫻井)에 살면서 소년들에게 기악을 가르쳤다. 일본서기(日本書紀) 권 22 스이코왕(推古王) 20년 5월 5일 조에 다음과 같은 기록이 있다.

백제사람 미마지가 귀화하였는데, 이 사람은 '중국의 오(吳)나라에서 배워서 기악의 춤을 출 줄 안다'고 하니 사꾸라이에 살게 하고 소년을 모아서 춤을 가르치게 하였다. 이 때에 진야수제자(眞野首弟子)와 신한제문(新漢濟文) 두 사람이 배워서 그 춤을 전수받았다.

기악은 탈춤으로 해석되며 기악면(伎樂面)이란 가면희(假面戲) 때에 쓰는 가면을 말한다. 따라서 미마지가 오나라에서 배웠다는 기악은 가면놀이였을 것이다.

백제에는 이미 오기(五伎)라 하여 투호(投壺) · 위기(圍碁) · 저포(樗蒲) · 악삭(握槊) · 롱주지희(弄珠之戲)가 있었고, 오악(五樂)으로는 서운산(禪雲山) · 무등산(無等山) · 방등산(方等山) · 정읍(井邑) · 지이산(智異山)이 있어 악(樂)과 기(伎)에 있어 상당한 수준에 있었음을 알 수 있다.

당시 일본으로서는 새로운 외래의 기악에 매료되었을 것이며, 이것이 계승 발전되어 기악(伎樂) · 무악(舞樂) · 능악(能樂, 노가쿠)으로 발전

미마지사적현창비

했고, 일본의 독특한 악무(樂舞)를 형성한 것으로 생각된다. 아악료조 (雅樂寮條)에 의하면 기악은 기악사와 요고사(腰鼓師)에 의해서 연희되며 기악호(伎樂戶, 기악을 업으로 하는 집)가 49호나 있었다고 한다.

3. 불교의 전파

1) 백제 불교와 일본 초기의 불교

침류왕(枕流王) 원년(384년)에 진(晉)나라로부터 호승(胡僧) 마라난타
(摩羅難陀)가 백제에 와서 불법을 시행하였으니, 이것이 백제 불법의
시작이다. 그로부터 157년 후인 성왕(聖王) 19년(541년)에 양(梁)나라
로부터 박사가 불경(佛經)을 가지고 왔고 사찰을 짓는 공장(工匠)과 불
상을 그리는 화사(畵師)가 와서 불교문화와 불교 예술이 크게 향상되는
계기가 되었다.

백제는 고구려의 세력에 밀려 문주왕(文珠王) 원년(475년)에 지금의
공주(公州)인 웅진(熊津)으로 도읍을 옮겼고 63년 후인 성왕(聖王) 16
년(538년)에 다시 지금의 부여(扶餘)인 사비(泗沘)로 천도를 했다.

백제 성왕은 16년(538년)에 일본에 불경(佛經)과 불상을 보냈으니 이
것이 일본 불교의 시초이다. 외래종교인 불교가 일본에 정착하는 과정
에서 갈등도 있었으니 불상 예배에 대한 가부 논쟁이 크게 일었다. 백
제 위덕왕(威德王)은 4년(557년)에는 율사(律師)·선사(禪師)·주금사
(呪嚓師), 조불공(造佛工)·조사공(造寺工)과 경론(經論)을 전수하여 일
본의 불교문화 발전에 크게 기여했다.

당시 일본의 정계에서는 백제 목씨(木氏)의 후손인 대신 소가바고(蘇
我馬子)와 그 일파가 전횡을 하였는데 불교를 믿지 않는 황족과 갈등이
있었다. 일본의 스이코왕(推古王) 원년(593년)에 나니와(灘波, 지금의

일인(日人)들의 불교전파 사은비

오사카)에 사천왕사(四天王寺)를 지었고, 법흥사(法興寺) 건축의 입주식이 있었는데 식전에 참가하는 고관들은 모두 백제의상을 입고 참여했다. 백제 불교를 도입하였기 때문에 식전 행사도 백제 식으로 거행했음을 알 수 있다. 이어서 3년 후에는 법흥사 주지를 백제승 혜총(慧聰)이 맡았다. 603년에는 광륭사(廣隆寺)를 지었고, 607년에는 법륭사(法隆寺)를 지었으며, 642년에는 백제대사(百濟大寺)를 지었다. 645년에

百　済　寺

日本書紀　舒明天皇の11年(639)12月の条に「是の月 百済川の側
に九重塔を建つ」とあり. 聖徳太子が平群郡熊凝に建てた熊凝精舎を
この地に移し. 百済大寺と名づけたと伝えられる.
　その後.火災にあうが皇極天皇の時に再建し、天武天皇の時に至つ
て伽藍を高市郡に移し大宮大寺と称したと伝えられるが明確ではない.
　現存している三重塔は鎌倉中期の建築(昭和 5年解体修理)と考え
られ.明治39年国の重要文化財に指定されている.
　本堂は大職冠と呼ばれ.方三間単層、入母屋造りで. 内陣に本尊毘
沙門天像がまつられている.

백제사 안내판

효덕천황(孝德天皇)은 불교 흥륭의 조서를 내려 불교를 국교로 인정하
게 되었으며, 백제불교는 일본에 전파되어 일본불교의 효시가 되는 기
틀을 마련하는데 크게 기여했다.

2) 다섯 개의 백제사(百濟寺)

　일본에는 '백제사'란 이름의 오대백제사(五大百濟寺)가 있다. 이 밖
에도 백제사란 이름의 사찰은 여러 곳에 있으나 여기에서는 우선 다섯
백제사에 한해서 언급하기로 한다. 백제사는 지방에 따라 '구다라지'
또는 '하쿠사이지'라 부른다.

야마토 백제사

(1) 야마토(大和)의 백제사

  나라현(奈良縣) 기다가쓰라기군(北葛城郡) 광릉정(廣陵町)의 옛 이름
은 백제촌(百濟村)이다. 긴끼철도(近畿鐵道) 다와라역에서 내리거나,
오사카선(大阪線) 마쓰쓰가역에서 내리면 현장이 가깝다. 서명왕(舒明
王) 11년(550년)에 이곳 백제하반(百濟河畔)에 백제대사(百濟大寺)를
지었고 구중탑(九重塔)을 세웠다. 또 그 근처에 궁을 새로 짓고 백제대
궁(百濟大宮)이라 이름하였다. 궁의 이름을 백제대궁이라 해서 백제의

이름을 붙인 것은 매우 특이한 일로, 그 당시 백제의 영향이 매우 컸음을 알 수 있다.

이 일대는 도읍에 가까운 곳으로, 원래 백제인들이 집결해서 사는 곳이었으므로 근처에 흐르는 강을 백제천(百濟川)이라 부르고 있다.

백제사는 후에 천무왕(天武王)에 의해서 가구산(香久山) 남쪽으로 옮겨 대관대사(大官大寺)라 불렀고, 도읍이 평성(平城)으로 옮겨지매 다시 평성 좌경(左京)으로 옮겨 대안사(大安寺)라 부르게 되었다. 대안사에서는 절의 본명을 백제사라 기록하고 있다.

백제촌의 백제사 자리에 후에 승 공해(空海)가 와서 도량(道場)으로 삼고 못을 파 놓았으며 불교의 성지로 오랜 역사가 있다. 그러나 후에 세 번이나 옮기는 바람에 현재는 삼중탑(三重塔)이 남아 있을 뿐, 일대는 폐허가 되어 어쩌다 뜻있는 사람이 찾아올 정도로 한적하다.

(2) 셋쓰국(攝津國) 구다라군(百濟郡)의 백제사

백제군은 지금의 오사카시 이쿠노구(生野區)이다. 백제군이란 행정구역이 있었던 것으로 보아 백제와 인연이 있는 곳임을 알 수 있다. 이 일대에는 지금도 교포들의 집단 주거지역이며 역 이름에도 구다라(百濟) 역이 있고, 구다라(百濟) 소학교·구다라(百濟) 상회·교량명에 구다라(百濟) 교, 은행의 구다라(百濟) 지점이 있는 등 구다라(百濟)라는 이름을 도처에서 볼 수 있다. 그만큼 역사적으로 백제와 인연이 있는 곳이다.

백제사는 고문헌에서 찾아 볼 수 있으나 지금은 그 유적을 찾기 어렵다. 학계에서는 지금의 이쿠노구 사리지쵸(舍利寺町)에 있는 사리존칭사(舍利尊稱寺)를 백제사로 추정하고 있다. 경내에 선광당(善光堂)이 있는데, 이것은 백제 의자왕의 아들 선광(善光)에서 비롯된 이름으로 일명 선광(禪光)일 것이라 생각된다.

(3) 히라가타(枚方)의 백제사

오사카부 가와치국(河內國), 지금의 히라가타시(枚方市) 나카노미야쵸(中宮町)에 사적으로 지정된 백제사지(百濟寺址)가 있고 바로 그 옆

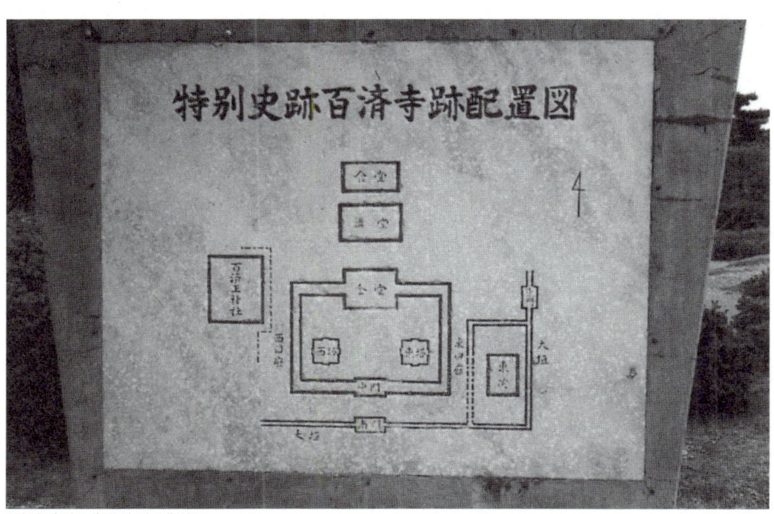

히라가타 백제사적 배치도

히라가타 백제사 유적

에는 백제왕신사(百濟王神社)가 있다.

　전차 게이한선(京阪線)의 히라가타 역에서 내려서 다시 사철(私鐵)로
갈아타고 나카미야역(中宮驛)에서 하차한다. 이 일대를 고대에는 가다
노(交野)라 해서 나라(奈良) 시대와 헤이안(平安) 시대에는 의자왕의 아
들 풍(豊)의 후손들이 백제왕씨(百濟王氏)의 성을 받아 살았으며, 그 일
족이 크게 번성해서 수많은 명사들을 배출하였는데, 백제사는 그 일족
의 단가(檀家)의 사찰이었다.

　본전에는 백제왕신(百濟王神) 우두천왕(牛頭天王)을 모시고 있는데
우두는 '소머리'로 우리나라에는 여러 곳에 우두산이 있다. 일본 신화

히라가타 백제왕신사

에 신이 하늘에서 내려올 때에 '소시모리'에 내렸다고 하는 바, 소시모리는 소머리, 즉 우두(牛頭)란 뜻이다. 일본 학계에서도 한국의 우두산이란 주장이 있어 이곳 백제왕사에 모신 우두천왕은 불교의 신이 아니라 한국의 신이다. '소'(牛)를 '쇠'라고도 하며, 머리·마리는 우두머리를 의미하므로 '쇠마리' 즉, 쇠를 다루는 최고의 기술자를 모신 신일 수도 있다는 의견이 있다. 이 일대는 선광(善光)의 증손인 경복(敬福) 이후 백제왕씨 일족이 거주하여 광인(光仁)·환무(桓武)·차아(嵯峨)·인명(仁明)의 4대에 걸쳐 왕들이 20여 차례나 행행(行幸)하였는데 주로 매사냥을 했으며, 그 때마다 백제왕씨의 집을 행궁(行宮)으로 삼았다.

그 당시 백제왕씨 출신의 왕비 여어(女御)·궁인(宮人)·여유(女嬬)를 많이 배출하여 일본 황족과 외척 관계에 있었기 때문에 왕들의 처가가 되는 만큼 백제왕씨 일족과 일본 황족은 혈연관계에 있었고 가까운 사이였다.

지금은 사찰의 건물은 남아있는 것이 없고 빈터만 전하지만, 1970년대에 남대문·중문·금당·동탑·서탑의 자리가 발굴되었으며 70여 개의 초석이 제 자리에 놓여있다. 오사카부(大阪府)에서는 주변의 환경을 정비하여 사적지로 지정하고 시민 휴양공원으로 정비했다.

오사카부의 특별사적은 오사카 성지와 백제사지 둘 뿐이다.

(4)오오미(近江)의 백제사

시가현(滋賀縣) 애지군(愛知郡) 아이도촌(愛東村)에도 백제사가 있다. 다른 사찰에서는 백제사(百濟寺)를 '구다라지' 또는 '구다라데라'라고 일본식으로 발음하는데, 이곳에서만은 '하쿠사이지'라고 불러 백제의 한자음을 그대로 따르고 있는 것이 특이하다.

절에 전하는 기록에 의하면 스이코왕(推古王 593~628)의 칙원(勅願)에 의해서 쇼도쿠다이시(聖德太子)가 개산한 신령스런 도량이라고 한다. 백제의 명승 혜총(惠聰)·도흠(道欽)·관륵(觀勒) 등이 이곳에 머물러 있었다. 덴치왕(天智王) 4년(665년)에 백제의 왕자가 와서 이곳에 머문 일이 있어 그 후로 백제사라 부르게 되었다.

이 일대는 백제의 유민 집단이 정착했던 곳으로, 일본서기(日本書紀)

오오미 백제사 입구

에 의하면 나당(羅唐) 연합군에 의해서 백제가 패망하자 고극을 떠나 일본으로 건너온 사람들이 665년에 간사끼군(神前郡)에 백제인 남녀 400명, 4년 후인 669년에 가모군(蒲生郡)에 백제인 남녀 700여인이 정착했다고 하니 1,100여명의 백제인이 정착한 것으로 기록하고 있다. 아이도촌과 간사끼군과 가모군은 서로 인접해 있어서 백제인들의 단가(檀家)가 있을만한 곳이다.

　지금으로부터 1,330년 전의 일인데 일본의 인구학자의 통계에 의하면 일본 인구증가율로 보아 그 후손의 수는 현재 2,700만 명은 된다는 것이다.

오오미 백제사 산문

백제사의 역사가 오래되었고 규모가 커서 인근 일대의 마을에 백제라는 이름이 붙어 있는데 백제마을 갑(甲)에서부터 을·병·정·무의 다섯 마을이 있다.

이곳의 백제사는 거찰(巨刹)의 모습을 그대로 지니고 있으며, 본당과 삼중탑에 이르는 길은 속세를 벗어난 고요함이 있다. 정원이 아름답고 거석이 배치되어 경치가 일품일 뿐더러 멀리 호동(湖東) 평야를 내려다볼 수 있어 찾는 사람들이 많다. 또 가까운 곳에 8만 4천개의 석불(石佛)이 있는 석탑사(石塔寺)가 있다.

백제사에 가려면 기차로 동해도(東海道) 본선의 노도가와(能登川)역

나가노 선광사 산문

에서 내려, 가꾸이(角井)행 버스를 타고 하쿠사이지에 하차하면 된다.
가을 경치가 돋보이는 곳이다.

(5)시나노구니(信濃國)의 백제사

지금의 나가노현(長野縣) 나가노시 원선정(元善町)에 법당의 규모도
웅대하거니와 신도의 줄이 끊이지 않는 젠고지 아미타원(善光寺 阿弥
陀院)이 있는데 이 선광사의 원래 이름은 백제사이다.

백제사의 유래에 대한 옛 기록에 의하면 백제의 성명왕(聖明, = 聖王)
이 552년에 불상을 보냈는데, 성왕이 보낸 불상은 지금 백제사의 본존

나가노 선광사(원명은 백제사)

인 일광삼존(一光三尊)의 아미타불(阿弥陀佛)이라고 한다. 일설에는 나니와(難波)의 강변에 버려져 있었던 것을 가져다 모시게 되었다고 한다. 백제에서 보내온 생신미타여래(生身弥陀如來)를 본전선광(本田善光)이란 사람이 주어다가 모시게 되어 그의 이름을 따서 선광사(善光寺)라고 부르게 되었다고 하는데, 이 주장에는 무리가 있는 것 같다. 당시 선진국인 백제에서 보내온 불상을 개천에 버릴 이도 없거니와 백제 의자왕의 아들이며 풍(豊)의 아우로 백제왕씨 성을 받은 선광(善光)과 절 이름이 같고 또 일본의 흠명기(欽明紀) 13년 10월조에 백제 성명왕이 석가불 금동상(金銅像) 한 구를 보내왔다고 하였으니 이 소중한 불상을 버릴 리가 없고 잘 간직하여 모셨을 것이다. 따라서 백제왕씨 선광과의 관계를 배제하기 어려운 것으로 생각된다. 그래야만 백제사란 이름이 해결된다.

선광사에 가려면 신에쓰본선(信越本線)을 타고 나가노시 역에서 하차한다.

4. 백제인 후손의 고승(高僧)들

1) 행기(行基, 668~749)

행기의 아버지는 고지재지(高志才智)이고 어머니는 봉전수호신(蜂田首虎身)의 장녀 고미비매(古彌比賣)이다. 부계인 고지씨는 왕인의 후손인 서문(西文)씨의 일족이다. 15세에 백제의 같은 고향에서 건너온 도래인의 후손인 도소(道昭)를 스승으로 삼아 출가했다.

행기는 경전에 능통했고 중생을 교화하는데 주력하여 그에 감화되어 추종하는 이가 1천 명이 넘었다고 한다. 행기가 가는 곳마다 사람들이 다투어 모여 예배하고 그의 가르침을 받으려 했다. 승려가 사찰에 있지 않고 민중을 이끈다 해서 한 때 그를 따르는 신도들의 행위가 관의 제재를 받기도 하였으나 중생교화의 공을 인정받아 상관승인 사위승(師位僧)이 되어 나라에서도 그에 대한 정책의 변화가 있게 되었다. 행기는 실천하는 승려로서 경전에만 매달리지 않고 자기를 따르는 신도들과 함께 민생문제에도 관심을 두어 많은 사업을 하였으니 동대사(東大

寺)의 창건에 공헌했을 뿐 아니라 행기년보(行基年譜)에 의하면 승원(僧院) 34곳, 니원(尼院) 15곳, 포시옥(布施屋) 9곳, 교량(橋梁) 6곳, 수통(水樋) 3곳, 못(池) 15곳, 도랑(溝) 7곳, 굴천(堀川) 4곳, 선식소(船息所) 2곳, 직도(直道) 1곳을 만들었다고 기록하고 있다. 이런 점으로 미루어 행기는 실천승려로 도(道)와 행(行)을 같이한 고승이었다.

기내(畿內)인 오사카 인근에서 행기가 연 사찰은 다음과 같다.

오사카	노세(能勢)	능세묘견당(能勢妙見堂)
	이께다(池田)	일승원(一乘院)
	셋쓰(攝津)	금강원(金剛院)
	다카기(高規)	영송사(靈松寺)
	히라가타(枚方)	구수원(久修院)
	네야가와(寢屋川)	장영사(長榮寺)
	시죠(四條)	용미사(龍尾寺)
	다이도(大東)	야기관음(野崎觀音)
	가시하라(柏原)	안복사(安福寺)
	나가노(長野)	관음사(觀音寺)
	사카이(堺)	대야사(大野寺)
	사카이(堺)	토탑(土塔)
	사카이(堺)	가원사(家原寺)

사카이(堺)	봉전사(蜂田寺)
사카이(堺)	고장사(高藏寺)
기시와다(岸和田)	구미전사(久米田寺)
가이쓰카(貝塚)	수간사(水間寺)
세마야마(狹山)	태간지(太間池)

이상과 같으니 행기(行其)는 일생을 두고 불교전파와 불사(佛寺) 창건에 주력하여 불교 포교에 큰 공을 세운 것이다.

2) 도소(道昭, 629~700)

속성은 선씨(船氏)이며 가와치국(河內國) 사람으로 그의 아버지는 선사혜석(船史惠釋)이다. 선씨는 백제에서 건너간 왕진이(王辰爾)의 후손이며 일설에는 왕인의 후손이란 주장도 있다. 선씨는 선박에 관한 세금을 담당하는 직책이었고 호족이었다. 나라에 있는 법흥사(法興寺), 즉 비조사(飛鳥寺)에서 득도하였으며 당(唐)에서 8년 동안이나 유학하였다. 돌아와서 원흥사(元興寺)에 선원(禪院)을 짓고 제자육성에 힘을 썼다. 한편으로는 민간을 두루 돌아다니면서 사회사업에의 업적을 남겼으니 교토의 우치교(宇治橋)는 그의 지식에 의해서 놓인 다리라고 한다. 만년에 대승도(大僧都)가 되었고 멍석자리에 앉아 있는 상태에서 입적했다고 전한다.

3) 도증(道証, 756-816)

속성은 백제씨이며 아와국(阿波國) 사람이다. 태재부(太宰府)의 강사를 지냈으며 그곳 관음사에 살면서 불사에 전념했고 재물을 몰라 사람들로부터 귀인이라고 숭앙받았다.

4) 단양이(段楊爾)

6세기 초 무령왕 13(513)년에 백제에서 건너간 최초의 오경박사(五經博士) 가운데 한 사람이다. 백제의 조미문귀(姐弥文貴)와 함께 일본에 건너가서 경문 전파에 크게 공헌했다.

5) 백제왕 선광(善光, ?~693)

백제 의자왕의 아들로 일본에 망명하여 백제왕씨의 성을 받았으며 선광왕(禪廣王) 또는 여선광(余禪廣)이라 부르기도 했다. 서명천황(舒明天皇) 때에 풍장(豊璋)과 함께 일본에 갔다가 풍은 백제로 돌아와 왕이 되어 백제부흥에 노력했으나 실패했고, 선광은 그대로 일본에 남아 나니와(難波)에 정착하였으며 지통조(持統朝) 때 백제왕씨의 성을 받아 백제왕씨의 시조가 되었다. 선광은 설을 맞아 대학료(大學寮)의 학생·음양(陰陽)·외약(外藥)의 두 곳 관원들과 함께 약물(藥物, 약품)과 진기한 보물을 왕에게 바친 일도 있다. 또한 왕의 빈궁(殯宮)에 주문(註文)을 올리는 높은 관직에 있었으며 학문은 물론 의약과 불사에 능했다.

6) 일라(日羅, ?~583)

왜인계 백제의 관원이다. 벼슬은 달솔(達率)에 이르렀다. 달솔은 백제의 16관위(官位) 중 제2의 관위이니 고관이다. 일라의 재주가 아까워서 백제에서는 일본에 보내지 않으려 하였으나 백제 사신과 함께 일본에 가서 백제를 배반하는 언행을 하다가 피살되었다. 그의 처는 백제인이 집단적으로 거주하는 백제촌에 살게 하였으며 그의 시체는 구마모토(熊本) 쓰나기쵸(津奈木町)에 장사했다고 하는데 현지에는 일라의 사당인 대장군신사(大將軍神社)가 있다. 일라와 일라상인(日羅上人)과는 별개의 인물이란 주장도 있다.

7) 의각(義覺)

7세기 후반에 백제에서 건너간 승려로 나니와(難波)의 백제사(百濟寺)에 살았다. 키가 커서 7척이나 되었고 늘 반야심경(般若心經)을 즐겨 구송하였으며 밤에 경문을 읽을 때에는 입에서 광채가 났다고 전한다. 하룻밤에 반야심경을 백번 암송하면 방안에 있어도 벽을 뚫고 투시하여 바깥을 볼 수 있다고 했다.

8) 변총(弁聰)

7세기 말의 비조사(飛鳥寺, 아스카사)의 승려로 백제인 대원(大原)씨 출신이다. 법륭사(法隆寺)의 옛 기록에 의하면 부모에게 보은하기 위해서 관세음보살상을 만들었으며 쿨상 뒤에 적은 기록에 의하면 백제에서는 왕으로, 일본에서는 왕성(王姓)으로 부른다고 기록하고 있다.

9) 석마제미(昔麻帝弥)

소가(蘇我)씨의 발원으로 법흥사(法興寺)를 건립하기 위해서 백제에서 파견된 와박사(瓦博士, 기와 짓는 기술자)이다. 큰 공사이기에 백제로부터 승려·조사공(造寺工)·로반박사(鑪盤博士)·와박사·화공(畵工)이 함께 갔다. 기와를 전문으로 만들었기 때문에 와사(瓦師)라 부르기도 했다.

5. 대장군(大將軍)신앙

일본에는 대략 800개에 이르는 대장군신사가 있다. 이 대장군은 한국의 장승인 '천하 대장군'과 관련이 있다. 일본의 대장군의 분포를 보면 시가현(滋賀縣)에 240곳, 미야자키현(宮崎縣)에 117곳, 와카야마현(和歌山縣)에 119곳, 교토·나라·효고(兵庫) 등 오사카를 중심으로 105곳이나 있어 고대 백제인들의 집단 거주지에 대장군신사가 집중되어 있음을 알 수 있다.

일본의 대장군 유래를 보면 교토에 있는 대장군팔신사(大將軍八神社)의 유래를 설명하는 게시판에 다음과 같이 기록하고 있어 참고가 된다.

"당사는 환무천황(桓武天皇)이 평안천도(平安遷都)한 연력(延曆) 13년(794년)에 칙원(勅願)에 의해서 야마도(大和) 춘일산록(春日山麓)에서 모셔온 왕성진호(王城鎮護)의 방음신(方陰神)이라고 전해오그 있다. 평안조 이래 신앙이 성했고 방위 등을 지키는 대장군신앙은 건축, 이사, 혼인, 여행, 교통 등 모든 일에 걸쳐서 사람의 생활에 영향을 주었다. 그 재액을 막고 방위를 수호하는 신으로 제사하게 된 것이 대장군신사이다."

이 게시판의 설명대로라면, 첫째 환무왕이 도읍을 새로 옮기고 왕성을 수호하는 신으로 대장군을 모셨으며, 둘째 방위를 지키고 사람의 일상생활에 있어 불행의 요소가 되는 모든 재액을 물리치는 기능을 가진 신이라는 것이다. 둘째 번의 목적은 우리의 장승과 일치하는데 첫째의 왕성 수호신으로 격상시킨 점이 우리와 다르다. 그러면 왜 그랬을까, 의문이 생긴다.

환무왕은 백제인 화을계(和乙繼)의 딸 신립(新笠)의 몸에서 태어났다. 따라서 백제여인의 아들이다. 그 당시의 혼인 풍속은 어려서 성장기는 외가에서 자라고, 장성한 다음에 친가로 가는 경우가 많았다. 즉 환무왕은 외가인 백제인의 가정에서 백제의 풍속 안에서 자랐으며 왕이 되어 도읍을 옮기고 새로 궁궐을 지어 외가의 풍속에 따라 장승, 즉 대장군을 궁성의 동서남북 사방에 세워 왕성을 지키는 수호신으로 삼은 것이다.

이러한 일이 있은 후로 대장군신앙은 민간에도 퍼지게 되었으며 민간신앙으로 정착된 것이다. 일본에 있어 대장군의 3분의 1을 차지하고 있는 곳은 시가현(滋賀縣)으로 백제가 패전하여 일본으로 망명한 사람들이 1,100명이나 정착한 간사키군(神崎郡)과 가모군(蒲生郡)이 바로 시가현(滋賀縣)에 속하는 것으로 보아, 우연이 아니라 백제인들이 타향에 망명가서도 고향에서 섬기던 장승을 그대로 믿고 있었고 백제인의 외손이 왕이 되면서 일본 왕성을 수호하는 신으로 정착된 것이다.

장승은 마을입구나 마을의 경계인 고갯길에 세우는 것이 상례이다. 천하대장군은 남성을 상징하고 지하여장군은 여성을 상징하고 있다. 장승에 동방청제축귀대장군(東方靑帝逐鬼大將軍), 서방백제(西方白帝)축귀대장군, 남방적제(南方赤帝)축귀대장군, 북방흑제(北方黑帝)축귀대장군이라 써서 사방을 지키며, 주로 부정과 악귀의 출입을 막고 또 퇴치하는 기능을 인정하고 있다.

한국에서의 장승, 즉 천하대장군의 수는 지금 확인된 것은 611곳이나 된다. 이미 소멸되어 없어진 곳도 있고 한 곳에 여러 개의 장승이 서 있는 곳도 있어 장승의 수에는 관계 없이 장승이 있는 장소를 위주로 한 숫자이다.

611곳의 분포를 보면 전남이 201곳, 전북이 37곳, 충남이 166곳으로, 옛 백제 땅에 404곳이나 있어 전체의 66%를 차지하고 있다. 즉 백제 땅에 집중되어 있어서 이 지역 민간신앙에 대장군 신앙의 비중이 컸음을 알 수가 있다.

첫째 백제의 옛 땅에 천하대장군이 많고, 둘째 일본에서는 백제인들이 집단으로 거주하던 지역에 집중되어으며, 셋째는 백제여인의 몸에

서 태어난 환무왕이 왕성의 수호신으로 세운 점으로 미루어 보아 백제
인들에 의해서 장승이 일본에 전파되어 대장군신앙으로 발전했으며 민
간종교로 정착되지 않았을까 짐작된다. 또한 한국에서 장승을 천하대
장군·지하대장군이라 하고, 일본에서도 대장군이라 하여 명칭이 유사
할 뿐 아니라 그 기능에도 방위에서 오는 액을 막고 또 제화초복(=화를
없애고 복을 부르는) 하는 기능이 인정되고 있어서 일본의 대장군신앙
은 백제인에 의해서 전파되었을 가능성을 배제할 수 없다.

6. 백제유민들의 활약

웅진시대와 특히 사비시대에는 일본과 우호관계가 유지되고 있어서
많은 사람들이 일본으로 가서 여러 분야에서 활약하였는데, 백제가 나
당연합군에 의해 패망한 후에는 지체가 높은 사람을 비롯해서 백성들
도 일본으로 망명하는 일이 많았다. 그 중에는 왕족·귀족·학자·행
정가·승려·기술자도 섞여 있었기 때문에 일본에 가서 큰 활약을 한
사람이 많았고 일본 사회와 문화발전 및 기술향상에 크게 기여하였다.
'일본 고대씨족 인명사전'에 수록된 백제유민과 그 후예들의 명단은
다음과 같다.

1) 아스가베노기미나도마로(安宿公奈杼麻呂)
환무천황(桓武天皇)이 총애하던 여유(女嬬)인 백제숙니영계(百濟宿禰永繼)의 아

버지이다. 즉 백제여인의 몸에서 태어난 환무천황의 장인이다. 벼슬은 조집사(朝集使)였다.

2) 아스가베우지(飛鳥戶氏)
백제의 비유왕(毗有王) 또는 말다왕(末多王)의 후예로 알려져 있다. 아스가베우지는 주로 백제에서 건너간 사람들이 집단으로 거주하던 가와치(河內)에 살았으며 호성(戶姓)은 도래족에게만 주어졌다.

3) 아스가베쓰쿠리도요무네(飛鳥部造豊宗)
백제국 사람 곤기(琨伎)의 후예로 벼슬은 주계조(主計助)와 미농권개(美濃權介)를 지냈고 종(從) 5위의 벼슬에 올랐다.

4) 아지기우지(阿直氏)
아지기우지(阿直氏)는 말 2필을 가지고 일본에 가서 사육했다. 왕인과 같은 시대 사람으로 경전(經典)에 능통해서 태자 토도치랑자(菟道稚郎子, 우지노와기이라고)의 스승이 되었고 학문을 전파하는데 크게 기여했다. 일명 아지길사(阿知吉師) 또는 아지사주(阿智使主 또는 阿知使主)라 부르기도 하는데, 그의 후손 일족의 성을 아직씨라 부른다. 한 때 오(吳)나라에 가서 옷감을 짜는 여인과 바느질 잘 하는 여인을 데리고 온 일도 있다.

5) 아쓰미우지(厚見氏)

왕인의 손자 아랑고수(阿浪古首)의 후예로 백제인들의 집단 거주지인 가와치 지방
에 살았으며 좌우의 마료(馬療), 즉 말을 기르고 조련하는 일을 맡고 있어서 마사씨
(馬史氏)라 부르기도 했다.

6) 아히다(阿比多)

516년에 작막고(灼莫古) 장군의 일로 고구려의 사자 안정(安定)과 함께 일본에 갔
다. 왜인계의 백제인으로 양국을 왕래하였으니 3척의 배를 타고 백제에 다녀간 일
도 있다.

7) 아와다우지(粟田氏)

왕인(王仁, 또는 和珥)과 동족으로 근기(近畿) 지방 일대에 살았으며 북륙(北陸)에
도 분포되어 있다. 학문과 외교 분야에서 활약하였으며 학승 도관은 그의 아들이
다. 702년에 견당사(遣唐使)로 당나라에 간 일이 있다. 아와다 일족에서 5위 이상의
고관이 많이 배출하였고 아와다(粟田)의 누이는 순인청황(淳仁天皇)의 후궁이 되었
다.

8) 이께노우에우지(池上氏)

성은 진인(眞人)으로 빈다쓰천황(敏達天皇)의 손자이며 백제왕의 후예이다. 처음
에는 지상진인(池上眞人)의 성을 받았으며 야마토국에 본거를 두고 살았다. 기술계
의 일족이다.

9) 이시가와노니시기고리노 오비도고로시(石川錦織首許呂斯)

5세기 초엽의 가와치국(河內國)에 거점을 두고 살던 백제계 도래인 금부(錦部, 織) 씨의 한 사람이다. 가와치 일대의 개간사업에 종사한 것으로 알려지고 있다.

10) 아사다우지(麻田氏)

신찬성씨록(新撰姓氏錄)에 의하면 백제국왕의 후손이라 하였는데 아사다(淺田)라 부르기도 한다. 724년에 정 8위에 올랐으며 셋쓰국(攝津國)에 살았다. 같은 아사다 씨족으로 아사다노무라지가후리(麻田連佃賦)는 종5위의 전약두(典藥頭)에 올랐으며 야마세스케(山背介)의 벼슬에 올랐다.

아사다노무라지야스(麻田連陽春)는 백제에서 망명한 답본춘초(答本春初)의 아들이란 설도 있으며 후에 아사다라 부른 것으로 보아 같은 씨족인 듯하다. 종 5품과 오오미모리(近江守)를 지낸 관원이면서 가인(歌人)으로 그의 작품이 만엽집(萬葉集)과 회풍조(懷風藻)에 수록되어 있다.

11) 이와무라우지(石村氏)

아지사주(阿智使主)를 따라온 호족으로 후에 판상기촌(坂上忌寸)으로 성을 바꾸었는데, 주로 야마토(大和)와 미가와(三河)지방에 근거지를 두고 있다.

12) 인사라아(因斯羅我)

백제에서 건너간 사람으로, 직조에 손재주가 많고 기예(伎藝)에 재주가 뛰어나 수말재기(手末才伎)의 한 사람이었으며 주로 그림에 능한 화원이었다.

13) 우지노와기이라고(弥道稚郎子)

응신천황(應神天皇)의 아들로 우치랑자(宇治郎子)라는 이름으로 부르기도 한다. 어머니는 왕인의 할아버지인 일촉사주(日觸使主)의 딸 궁주택(宮主宅)이다. 같은 어머니의 누이동생에 인덕촌황(仁德天皇)의 황후 시전황녀(矢田皇女)가 있다. 백제 왕인의 후손으로 태자비가 되어 권세를 누렸으며 궁궐을 짓고 살던 곳의 지명은 우치(宇治)이다.

14) 우나가미우지(海上氏)

신찬성씨록(新撰姓氏錄)에 의하면 틴다쓰천황(敏達天皇)의 후손으로 백제왕씨의 후예이다. 속일본기(續日本紀)에 의하면 751년에 청수왕(淸水王)과 삼수왕(三狩王)에 우나가미우지 성씨를 준 것으로 기록되어 있다.

15) 우마우지(馬氏)

왕인의 후손인 아랑고수(阿浪古首)의 후예로 말 사육을 담당하던 씨족이다. 말의 사육과 조련은 당시로서는 큰 기술이었기 때문에 기인(伎人)에 속했으며 이와 유사한 성씨에 우마가이우지(馬養氏 또는 馬飼氏) 등이 있다. 모두 말을 기르던 집단이다.

16) 에가기베(畵部)

백제계의 금래재기(今來才伎)로 그림 그리기와 색채에 관한 일을 하였다. 동한(東漢)씨의 통솔에 속해 있었다. 당시 일본에는 그림을 그리는 기술이 발달하여 여러 부류가 있었으며 정부의 화공사(畵工司)에는 60명 정원의 화공이 있었다.

17) 게이소(慧聰)

일본에 귀화한 백제의 승려 혜총(慧聰)으로, 595년에 백제에서 건너간 고승으로 성덕태자(聖德太子)의 스승이 되었다. 고구려 승 혜자(惠慈)와 함께 불교를 전파하는 데 크게 기여했으며 법흥사(法興寺)가 완공되자 그곳에 살았다. 현재 나라에 있는 비조사(飛鳥寺)는 창건 당시에는 법흥사였다.

18) 에소(惠總)

588년에 불사리를 가지고 일본에 갔으며 혜총(惠聰)이라 부르기도 한다. 당시의 권세가였던 소가마코스쿠네(蘇我馬子宿禰)는 이 해에 처음으로 불법을 받았다고 한다. 원흥사(元興寺)와 깊은 관계를 갖고 있었다.

19) 에미(惠弥)

7세기 초의 백제승으로 왕명에 의해 오(吳)나라에 파견되었는데, 마침 오나라에 병란이 있어 들어가지 못하고 돌아오는 길에 태풍을 만나 일본 구주(九州)에 표착했다. 귀국하려고 대마도까지 왔다가 마음의 변화가 있어 일본에 남아 원흥사에 살았다.

20) 에묘(惠妙)

7세기 중엽의 백제승으로 스이코조(推古朝) 말에 일본에 가서 645년에 십사(十師)

의 한 사람이 되었으며 후에 백제사(百濟寺)의 주지가 되었고, 입적했을 때에는 삼황자(三皇子)가 조문을 했다.

21) 엥부꾸(緣福)

645년 백제의 좌평으로 일본에 파견되었으나 병에 걸려 입경하지 못하고 나니와(難波)의 객관에 머물러 있었다.

22) 오신니(王辰爾)

6세기 중엽에 백제에서 건너갔으며 천황의 명령을 받고 소아도목숙니(蘇我稻目宿禰)에게 선부(船賦)를 가르쳤으며, 그 공으로 선장(船長)이 되었고 선사(船史)란 성을 받았다. 572년에 고구려에서 온 국서를 오신니만이 읽을 수 있어 민달천황(敏達天皇)을 가까이에서 모시게 될 만큼 중용되었다. 일본서기에 선씨(船氏)에 관한 기록이 일본 고대사에 자주 등장하는데 이들은 모두 오신니의 후손으로 여겨진다.

23) 오하라우지(大原氏)

동한(東漢)씨의 일파로 원래의 성은 사(史)씨이다. 739년에 대원진인(大原眞人)의 성을 받았다. 신찬성씨록에 의하면 민달천황의 자손이며, 백제왕의 후예라 하였고 일족은 궁정의 귀족으로 문헌에 자주 나타난다. 속일본후기(續日本後紀)에 의하면 836년에 숙니(宿禰,스쿠네)의 성을 받은 하마려(河磨呂)는 백제인이라고 기록되어 있다.

24) 오까우지(岡氏)

원래는 시왕(市王)씨였는데 시왕인 의연승정(義淵僧正)의 덕행과 성실하고 근면함을 높이 평가하여 727년에 강연(岡連)의 성을 받았다. 신찬성씨록에 의하면 백제 명왕의 후예라 하였다.

25) 오끼요우지(興世氏)

백제에서 건너간 길전숙니(吉田宿禰)의 자손이다. 837년에 길전숙니는 흥세조신(興世朝臣)의 칭호를 받았다. 같은 길전조신서주는 3대에 걸쳐 시의(侍醫)로 있었으니 의술에 능했던 가문이었다. 정 5위에 이르렀으나 노후에는 불도에 전념했다.

26) 오쿠라이후쿠루(憶禮福留)

663년 백제가 멸망하자 여자신(余自信) 등과 함께 일본에 건너간 백제의 유신으로 관직은 달솔(達率)이었다. 망명 다음해 태재부(太宰府)에 백제식 산성인 대야성(大野城)을 쌓았다. 축성과 병법에 밝아 대산하의 벼슬에 오르고 석야연(石野連)의 성을 받았다.

27) 오기나기미(童女君)

백제 와니(和珥) 심목(深目)의 딸이다. 채녀(采女)가 되어 웅략천황(雄略天皇)과의 사이에서 딸을 낳았으니 황녀가 되고 오기나기미는 왕비가 되었다.

28) 가찌우지(勝氏)

백제계 도래인으로 신찬성씨록에 의하면 백제의 다리수수(多利須須)의 후예라 전하며 야마기(山城)·셋쓰(攝津)·오미(近江) 등지에 분포되어 있다.

29) 가도베노오(門部王)

신찬성씨록에 의하면 민달천황의 자손이며 백제왕의 후예라고 전한다. 일설에는 천무천황의 손으로 천내왕(川內王)이라 하여 혼선이 있다. 벼슬은 731년에 종 4위 상에 올랐으며 사경사(寫經司)를 겸한 관원이면서 풍류가인(風流歌人)으로 명성이 있는 시종이었다. 734년에는 왕이 우다가끼(歌垣)를 관람할 때에 5품 이상의 풍류 있는 가인의 대표가 되어 우다가끼의 지도를 맡았다. 739년에는 대원진인(大原眞人)의 성을 받았다.

30) 가라가누야우지(韓鍛冶氏)

백제에서 건너간 대장장이이다. 일본의 왜단야(倭鍛冶)의 대칭으로 한국대장장이를 말한다. 주로 단바(丹波)·오미(近江)·하리마(播磨)·기이(紀伊) 지역에 분포되어 있는 성씨다.

31) 가와치우지(河內氏)

백제국 도모왕(都慕王)의 흐손이라 전한다. 도모왕을 조상으로 하는 성씨는 이 밖에도 화조신(和朝臣)·백계조신(百濟朝臣)·관야조신(管野朝臣)·백제기(百濟伎), 불파연(不破連) 등이 있다. 가와치우지는 주로 가와치(河內)에 집단 거주하고 있어서 성이 되었으며 일명 가와치(川內)라 부르기도 한다.

32) 가와치노후미(西文氏)

왕인박사의 후손이라고 전한다. 동한씨를 동문씨라 하는데 대하여 서문씨라 불렀다. 791년에는 벼슬이 숙니(宿禰, 스쿠네)에 올랐으며 나라 재정의 출납 장부를 담당하였으니 문필을 전문으로 하는 지식인들이다. 772년의 임신란(壬申亂) 때에 일족인 서수근마려(書首根磨呂)가 후에 천무천황이 된 대해인황자(大海人皇子) 편에 서서 공을 세웠다.

33) 간로쿠(觀勒)

602년에 역서(曆書), 천문지리서, 둔갑방술서(遁甲方術書)를 가지고 일본에 건너가 당시 일본의 고관들에게 역법과 천문 둔갑술을 가르친 백제승 관륵이다. 승정(僧正)의 제도가 생기자 승정이 되어 승려를 통솔했다.

34) 기시쓰슈시(鬼室集斯)

백제가 멸망하여 일본에 간 왕족 귀실복신(鬼室福信)의 아들이라고 전한다. 665년에 소금하(小錦下)의 위계에 올랐고 후에 학직두(學職頭)가 되어 최고의 학자가 되었다. 668년에는 여자신(余自信) 등 백제인 남녀 700여 인과 함께 오미국(近江國) 가모군(蒲生郡)에 정착했다. 그의 묘석(墓石)이 가모군(蒲生郡) 일야정(日野町)에 있으며 그를 제사하는 귀실신사(鬼室神社)가 있다.

그의 일족으로 보이는 귀실집신(鬼室集信)은 대산하(大山下)의 벼슬에 올랐고 의약에 지식이 있었다.

35) 기치다이쇼(吉大尙)

백제에서의 벼슬은 달솔(達率)이었는데 백제가 멸망하자 일본으로 건너갔으며, 그
곳에서 학자로 대접받아 벼슬은 소산상(小山上)에 올랐다. 의약에 능통했으며 그의
아들인 길전숙니서주(吉田宿禰書主) 고세(高世)는 홍세조신(興世朝臣)의 성을 받
았다.

그의 아우인 길소상(吉小尙) 역시 의술과 약리(藥理)에 밝았으며 의술에 종사한 길
의(吉宜) 길전연고마려(吉田連古磨呂), 길전연배태마려(吉田連裵太磨呂) 등은 일
족이다. 이들 모두 의술에 종사하여 의술 전파에 크게 기여했고, 길전의(吉田宜)와
길전연로(吉田連老)는 가인(歌人)으로 알려져 있다.

36) 교기(翹岐)

백제왕족으로 일설에는 의자왕의 조카라 전한다. 642년에 대신 소아신하이(蘇我臣
蝦夷)의 초청을 받고 말을 선물로 주었다. 백제대정(百濟大井, 지금의 오사까)에 살
았으며 왕 앞에서의 조당 행사에서 씨름을 보여 주었다.

37) 구데이(久氏)

4세기 후반부터 등장하는 인물로 칠지도(七枝刀)와 칠자경(七子鏡)을 가지고 일본
에 갔다. 그 칠지도는 지금 천리시(天理市)의 석상신궁(石上神宮)에 보존되어 있다.

38) 고시노사이찌(高志才智)

백제 왕자 왕이(王爾)의 후손으로 대승정 행기(行基)의 아버지이다. 가와치국(河內國)에 살았으며 그의 아버지는 고지사양(高志史羊)으로 혹은 좌타지(佐陀智)라 불렀다.

39) 고쿠나신스(谷那晋首)

벼슬은 달솔로 백제가 패망한 후 부흥운동에 실패하여 좌평 여자신(佐平 余自信) 등과 함께 일본에 건너갔다. 671년에 대산하(大山下)에 올랐으며 병법에 통달했다.

40) 고소지모(許率母)

백제의 달솔 벼슬인 고소지모는 패전 후 일본에 가서 671년에 소산하(小山下)의 벼슬에 올랐고 오경(五經)에 밝아 학사로서 황태자의 빈객으로 대접을 받았다.

41) 고세노가마(許勢寄麻)

백제 성명왕의 신하로 벼슬은 달솔이다. 544년에 사신으로 일본에 갔고 후에 백제 구원사에 임명되었다.

42) 사케노기미(酒君)

백제 왕족의 후예로 매를 길러 일본에서 처음으로 매사냥하는 기술을 가리쳤다. 이것이 일본 응감부(鷹甘部)의 시작이다.

43) 사다쿠소묘(沙宅紹明)

백제의 유신으로 671년에 대금하(大錦下)의 벼슬에 올랐다. 문장대가로 후지하라 가마타리(藤原鎌足)의 비문을 지었으며 황태자의 빈객이 되었다. 673년에 죽으니 백제의 대좌평(大佐平) 벼슬을 받았다.

44) 시라이우지(白猪氏)

백제 왕진이(王辰爾, 오신니)의 조카인 단진(胆津)이 국가의 땅인 길비(吉備)지방의 둔창을 잘 운영한 공으로 시라이(白猪)의 성을 받았다. 또 땅을 경작하는 백성들의 호적을 정비하여 국가경영에 새로운 문필기술을 도입하여 야마토 정부의 경제적 기반을 세우는데 기여했다.

45) 스가노우지(管野氏)

백제 왕진이의 아우 왕우(王牛)의 후예로 790년에 스가노조신(管野朝臣)의 성을 받았다. 신찬성씨록에 의하면 백제 도모왕의 10세손인 귀수왕(貴首王)의 후예라 했다.

스가노조신 일족은 많은 고관대작과 학자를 배출하였으니 진도(眞道)는 참의 겸 궁내경(參議 兼 宮內卿)과 상륙수(常陸守) 등 고관대작을 두루 거쳐 종 3위에 올랐으며 속일본사(續日本史)의 편찬을 담당했다. 이밖에도 같은 성씨인 유초(惟肖), 좌세(佐世) 고년(高年), 영잠(永岑), 미성(梶成), 청공(淸公), 시선(是善), 도진(道眞),봉사(峯嗣), 선주(善主) 숙니고인(宿禰古人) 등은 같은 씨족인 것 같다. 그중 도진은 말년에 태재부(太宰府)로 좌천되는 불우한 일도 있었으나 정 1위에 올라 터정대신

(太政大臣)을 추증받았다. 그는 태자부와 오사카의 천만궁(天滿宮)에 신으로 제사
되어 학문의 신으로 신앙되고 있다.

46) 다카오고우지(高丘氏)

원래의 조상은 백제의 대부 고후(高候)의 후손 고목(高穆)이라고 한다. 663년 백제
가 패망하자 일본에 망명했으며 724년에 고구연(高丘連)의 성을 받았고 후에 다시
숙니(宿禰)의 벼슬을 받았다. 하내국(河內國, 가와치국)에 살았다.

그의 일족으로 종5위에 오른 시인 제월(弟越), 정5위로 대학두(大學頭)를 지낸 하
내(河內), 종 4위 훈 3등을 받아 법왕궁량(法王宮亮)을 지낸 비량마여(比良磨呂) 등
이 있다.

47) 다카노우지(高野氏)

환무천황의 황비 신립(新笠)의 아비는 원래는 백제의 화을계(和乙繼)였으나 부마가
되면서 다카노씨의 성을 받았다. 다카노조신(高野朝臣)이란 성씨는 이밖에는 없는
것으로 보아 화씨(和氏)에게만 준 성씨이다.

48) 다께후우지(武生氏)

왕인(王仁)의 후손으로 구성은 마비등(馬毗登)이었으나 같은 일족 44인이 무생연
(武生連)의 성씨를 받았다. 가와치(河內)를 중심으로 그 일대에 살았다. 765년에 종
5위에 올랐으며 791년에는 숙니(宿禰)의 반열에 올랐다.

49) 쓰우지(津氏)

배의 운항에 관한 업무를 담당하여 진씨라 하였으며 가와치국 일대에 본거를 두고 살았다. 547년에 왕진이(王辰爾)의 동생이 진씨 성을 받았고 같은 씨족 중에는 791년에 숙니(宿禰)의 성을 받은 이도 있다.

50) 도혼슌쇼(答㶱春初)

벼슬은 달솔(達率)이다. 백제가 패망하자 일본으로 망명했고 나가토국(長門國)에 성을 쌓았다. 병법에 능하여 대산하(大山下)의 벼슬에 오르고 오도모황자(大友皇子)로부터 학사로서 빈객의 예우를 받았다.

51) 도혼쥬세쓰(答本忠節)

백제에서 건너간 관원으로 의술에 능하여 시의(侍醫)가 되었다. 751년에는 종 5위에 올랐다.

52) 나까노우지(中野氏)

백제인 답타(答他)의 후손으로 성은 조(造)이고 761년에 나까노씨(中野氏)라는 성을 받았다.

53) 하야시우지(林氏)

백제인 목귀공(木貴公)의 후손으로 성은 사(史)이다. 처음에 평안좌경(平安左京)에 살다가 후에 주로 가와치국에 살았으며 원조(遠祖)는 백제 직지왕(直支王)으로 알려있다.

54) 히코마스노미고도(彦坐王命)

개화천황(開化天皇)의 황자인데 왕인의 일족 노진원(姥津媛)을 왕비로 맞아 태어났다. 따라서 백제인의 외손이라 할 수 있다.

55) 히로타우지(廣田氏)

백제 신신군(辛臣君)의 후손으로 758년에 일족이 히로다무레(廣田連)의 성을 받았다. 평안경(平安京)의 좌우에 살았다는 기록이 있다.

56) 후나도우지(道祖氏)

백제인으로 아지사주(阿智使主)와 함께 건너간 주손허리(主孫許里)의 후손이다. 술을 빚는 기술이 있는 사주부씨(司酒部氏)의 한 사람이다. 야마기(山城), 야마토(大和)의 나가오까기촌(長岡忌寸), 사꾸라이렝(櫻田連)은 같은 씨족이다.

57)후나우지(船氏)

왕진이(王辰爾)의 후손들이다. 처음 성은 사(史)였으나 683년에 무레(連)가 되었다. 후에 다시 미야하라 쓰구네(宮原宿禰), 스가노조신(管野朝臣), 미부네쓰구네(御船宿禰)의 성을 받았다. 왕진이가 선박에 관한 세금, 나루터에 관한 세금, 항만에 관한 세금을 거두는 일을 담당하게 되어 선사(船史)의 성을 받게 되었고 해상운송을 관장해서 경제적으로 부유했고 일족이 매우 번성했다.

58) 후나노오고도노오비도(船王後首)

후나우지의 중시조의 한 사람으로 재능이 뛰어나 많은 공훈을 세워 대인품(大仁品)
3을 받았다. 가와치국이 본거지이다.

59) 후나노후이도사까에(船史惠尺)

고승 도조(道昭)의 아비로 왕진이의 아들 또는 손자라고 전한다. 벼슬은 소금하(小
錦下)에 올랐다.

60) 후나노무라지다구치(船連田口)

음양(陰陽)에 조예가 깊어 784년에 나가오까경(長岡京)에서 헤이안경(平安京)으로
천도할 때 풍수사(風水師)로서 지금의 교토(京都)를 왕궁자리로 잡았다.

61) 후나노무라지후꾸시마로(船連副㣪麻呂)

왕진이의 후손으로 경학(經學)에 밝아 863년의 추전(秋奠)에 왕에게 직강을 했으며
다음 해에는 춘추좌전(春秋左傳)을 강론하였다. 벼슬은 종 5위에 올랐고 877년에
야마끼곤스께(山城權介)에 오르고 스가노조신(管野朝臣)의 성을 받았다. 일족은
가와치를 본거지로 하였다.

62) 후미우지(文氏)

왕인의 후손으로 성은 처음에는 수(首)였으나 후에 연(連)이 되고 다시 기촌(忌寸)
이 되었다가 791년에 숙니(宿禰)가 되었다. 학문이 뛰어나서 문수(文首)의 시조가

되었다. 그의 후손과 일족은 대대로 문필을 업으로 하고 학문에 종사하였으며 일본의 고대문화에 크게 공헌했다. 본거지는 가와치국이다.

문기촌(文忌寸)씨와 서기촌(書忌寸)씨는 같은 일족으로 알려져 있다.

63) 후하우지(不破氏)

백제 비유왕(毗有王)의 후손으로 알려 있으며 기후현(岐阜縣) 후하군(不破郡) 일대에 정착하여 후하라는 성을 가지게 되었다.

64) 호시기시(法師君)

백제왕은 왕족 사아군(斯我君)을 보내어 등용케 하였는데 그 아들이 호시기시이다. 왜군(倭君)의 시조가 되었다.

65) 혼니찌히시(炊日比子)

백제가 패전한 후 671년에 귀실집신(鬼室集臣) 등과 함께 일본에 망명했다. 의약에 관한 지식이 뛰어나 대산하(大山下)의 벼슬에 올랐다.

66) 마죠앙(馬丁安)

백제에서 파견된 오경박사(五經博士)이다. 벼슬은 고덕(固德)에 이르고, 554년에 백제에서 새로 파견된 왕류귀(王柳貴)와 교대로 귀국했다.

(67) 미나모토노 아손사다무(源朝臣定)

사가천황의 황자(皇子)인데 백제왕씨 교준(教俊)의 딸 경명(慶命)의 아들이다. 백제의 여인이 천황의 비가 되어 이 황자를 낳았으니 백제인의 외손이다.

(68) 미하루노아손아리요(御春朝臣有世)

백제 비유왕(毗有王)의 후손으로 처음 성은 백제숙니(百濟宿禰)였는데, 862년에 미하루노조신의 성을 받았다. 886년에 종 5위에 올랐고 가와치국이 본거지이다.

(69) 미요시우지(三善氏)

백제 초고왕(肖古王)의 후손으로 성은 금부수(錦部首)에서 연(連)이었으나 미요시스쿠네(三善宿禰)의 성을 받았다. 학문이 깊어서 귀한 성을 받은 것이다.

70) 모구소기시(木素貴子)

663년에 백제가 패망하자 여자진(余自進) 등과 함께 일본으로 망명했다. 모구씨(木氏)는 백제 8대성의 하나이다. 백제에서의 벼슬은 달솔인데 일본에 가서 대산하(大山下)를 받았다. 병술을 잘 알았으며 백제인 사택소명(沙宅紹明)과 함께 오도모(大友)황태자의 빈객이 되었다.

71) 몽게고시(文賈古子)

백제의 사공(寺工)으로 비조사(飛鳥寺)를 지을 때에 참여한 목수이다. 일본은 백제로부터 불교문화를 받아들이면서 불사리(佛舍利), 승려, 사공, 화공, 기와박사를 초

빙해서 불사를 짓고 불교를 장려하였다. 원흥사 문헌에는 사사(寺師)라 하였다.

72) 야고우지(陽胡氏)

백제 양호의 후손으로 벼슬은 달솔이었다. 처음 성은 사(史)였는데 768년에 기촌(忌寸)을 받았다. 일족에는 학자와 대외교류에 종사한 사람들이 많다.

73) 야마무라우지(山村氏)

백제 고례공(古禮公)의 후손으로 야마무라의 성을 받았으며 후에 다시 기촌(忌寸)을 받았다. 나라현 산촌향(山村鄕)에 살았기 때문에 그 지명을 따서 성을 삼았다.

74) 여자진(余自進)

백제의 왕족으로 벼슬은 최고의 자리인 좌평(佐平)에 올랐다. 663년에 백제가 패망하자 일본에 망명하여 귀실집사 등과 함께 가모군(蒲生郡)에 정착하였다. 벼슬은 대금하(大錦下)에 올랐고 우경(右京), 다카노조(高野造)는 그의 후손들이다. 여성(余姓)은 모두 그의 일족이다.

75) 요노마스히도(余益人)

음양을 잘 알았으며 758년에 백제조신(百濟朝臣)의 성씨를 받은 4인 중의 한 사람이다.

벼슬은 종 5위에 올랐고 후지하라 조신 나까마로(藤原朝臣仲麻呂)를 토벌한 공을 세워 주방수(周防守)를 지냈다.

76) 요신쇼(余秦勝)

무술과 학업에 뛰어났으며 당대 음양대가 6인 중의 한 사람. 벼슬은 정 5위에 올랐
으며 일명 태승(泰勝)이란 기록도 있다.

77) 요긴몬(楊貴文)

백제에서 건너간 와박사(瓦博士) 4인 중의 한 사람이다. 기와를 만드는데 뛰어난 기
술이 있어 원홍사(元興寺) 기록에 기와를 굽는 스승이라 해서 와사(瓦師)라 했다.

78) 린세이(琳聖)

백제왕 여장(余璋)의 제 3자로 다다라(多多良)씨의 시조이다. 임성(琳聖)의 아들 대
에 다다라란 성을 받았고 주방국(周防國)의 오가와우지(大內氏)의 조상이다.

　이상은 고대인명사전에 오른 인물들이다. 이밖에도 수많은 백제인의
후예들이 일본에 가서 정착하여 백제의 뛰어난 지식과 기술로 주로
6~7세기의 일본의 정치·경제·기술·학문·종교·문화의 발전에 큰
업적을 남겼다.

백제왕씨(百濟王氏)와 환무천황(桓武天皇)

1. 환무천황과 그 모계(母系)

1) 환무천황

환무천황은 737년 정축(丁丑)에 백벽왕(白壁王), 즉 후의 광인천황(光仁天皇)과 백제여인 신립(新笠) 사이에서 태어났다. 그 때 왕자 백벽왕의 나이는 29세였다.

당시 일본 황실은 성무왕(聖武王)을 중심으로 한 천무왕계(天武王系)의 전성시대로서 천지왕계(天智王系)인 백벽왕은 왕위계승과는 먼 거리에 있었으므로 별로 주목을 받지 못하는 존재였다.

환무는 어려서 산부왕(山部王)이었으며 지금의 교토인 산배국(山背國)에서 태어났다. 아버지 백벽왕이 등극하기 전에 백제계인 신립을 맞아 산부왕을 낳았다. 산부왕은 30세에 종 5위에 오르고 대학두(大學頭)가 되었으며, 왕실 내의 여러 갈등 끝에 천무계에서 천지계로 정권이 넘어가 770년 백벽왕이 왕위에 올랐으며 이후 광인왕(光仁王)이라 하였다.

781년에 광인이 죽고 산부왕이 즉위하여 환무천황이 되었으니 나이 45세였다. 어머니 신립은 황태후가 되고 친정 외가인 토사씨(土師氏)에게 스가하라스쿠네(菅原宿禰)의 성씨를 내렸다. 48세 때인 784년에 도읍을 평성(平城)에서 장강(長岡)으로 옮기고, 다음 해에 황태자를 유폐했다가 폐위시킨 뒤 아와지(淡路)섬으로 유배하였는데 도중에 사망하는 불상사가 있었다. 이러한 일이 있은 후로 태자의 악령(惡靈)이 자주 나타나 시달리는 불행이 계속되게 된다.

55세인 793년에 장강궁(長岡宮)을 폐지하고 새로 평안궁(平安宮)을 건설하여 다음 해에 천도를 했다. 61세 때에 백제 왕족에게 부역과 세금을 면제하는 조치를 취했고 806년 70세로 죽자 태자가 왕위에 오르니 이가 바로 평성천황(平城天皇)이다.

환무천황은 백제계 여인의 몸에서 태어났고 왕위 계승과는 먼 거리에 있었으나 요행히 아버지가 왕위에 올라 태자가 되고 왕위에 오르는 행운이 있었다. 환무천황은 국정을 쇄신하기 위해서 도읍을 옮기는 용기와 강한 추진력을 갖고 있었다.

환무천황은 어려서 백제인의 가정에서 성장하였기 때문에 백제의 풍속에 익숙했고 백제의 사고방식을 가지고 있었다. 어머니의 친정, 즉 외가는 통역일을 잘하는 토사씨(土師氏)로서 신라계의 일본 귀화족이었으며 음양(陰陽)을 잘 알고 장의와 묘에 관한 지식이 있었다. 이러한 환경에서 유교·불교와 무속신앙의 사고도 가지고 있었으니 태자를 폐

환무천황모(母)의 대지산능

위하고 유배하는 과정에서 죽은 그의 악령이 자주 나타나 시달리게 되고 악령을 진정시키기 위한 주술행위를 취했다. 환무왕은 축년(丑年)에 태어났기 때문에 소를 도살하는 것을 금지하는 등의 조치도 내린 바 있다.

백제인들이 망명해서 나니와국(難波國) 백제군에 정착하여 고국에서의 풍속에 따라 천단(天壇)을 만들고 천제(天帝)를 제사하는 제천의식을 거행했다. 환무왕은 연력(延曆) 6년(787) 11월에 가와치국(河內國) 백제왕씨 집에 갔을 때에 갑인일(甲寅日)에 제천의식을 거행하였으며 유교식의 종묘제례(宗廟祭禮)를 거행하는 등 백제왕씨를 통해서 대륙의 새 문화를 도입하여 일본 궁중의례를 제도화하는 기초를 마련하였다.

산부왕(山部王)은 어려서 외가에서 백제식 가풍에서 건강하게 자란 귀공자였다. 일본후기(日本後記)에 의하면 '덕도 높고 천자(天姿)가 의연하며 문화(文華)를 즐겨했다'고 기록하고 있다.

매사냥을 즐겨 가와치의 교야(交野)를 매사냥터로 정하고 자주 나들이를 했으며 매사냥을 통해서 호연지기(浩然之氣)를 길렀다. 교야 일대는 백제인들이 집단으로 거주하는 곳으로 백제왕씨의 고장이었다. 백제에서 도래한 매사냥꾼들이 이곳에 살아 일본에 처음으로 매사냥을 전파시켰다.

환무천황은 45세에 왕위에 올라 70세에 죽을 때까지 25년 동안이나 왕위에 있었다. 백제여인의 몸에서 태어났다는 어려움도 있었을 것이나 나라를 잘 다스렸고 외척인 백제인들을 많이 등용해서 그들의 지식과 경륜을 잘 활용함으로써 국가 발전에 기여했다. 백제계를 많이 등용하여 주변에서의 불만도 있었으나 '백제왕씨는 짐의 외척이라'고 선언하여 물리친 일도 있다.

환무천황이 등극한 연력 2년(782)에 중신들의 상소가 있었는데 사연인즉 '요즈음 요귀가 나타나고 재앙이 자주 일어나기에 음양료(陰陽寮)에 명하여 점을 쳤더니 선왕의 상복을 너무 오래 입고 있어서 신사(神事)를 제대로 집행할 수가 없고 결국 탈이 나서 왕이 병이 날 것'이라고 하였다. 또 연력 4년에는 중신 종계(種繼)의 암살 사건이 있었고 그 배경에 태자의 관여가 있다 하여 폐위하는 불상사가 있었다. 또한 생모인 신립(新笠)이 사망하고 얼마 안 되어 또 황후가 사망했다. 10년(791)에 는 화재가 일어나 정전과 궁전의 일부가 불타는 등 불상사가 연발하여 민심이 매우 흉흉했다. 이와 같은 재앙은 원령(怨靈)에 의한 것이라 하여 폐위된 태자의 묘를 이전, 정화하고 승려들로 하여금 기도하여 원한을 풀게 하는 불교의식과 무의(巫儀)를 거행하였다

환무천황은 794년 평안궁(平安宮)으로 천도할 때에 궁성의 동서남북 4방에 대장군을 모셔 궁성진호(宮城鎭護)의 신으로 삼은 것은 어머니 계의 수호신인 장승 즉 천하대장군을 영입한 것이다. 교토는 환무천황이 평안궁으로 천도한 후로 천년 동안 일본의 수도로서의 영광을 누리게 되었으니 천하대장군이 잘 수호한 덕택이리라.

2) 모계(母系) 화(和)씨

화을계(和乙繼)는 백제 무령왕(武寧王)의 아들 성왕(聖王)의 후예이다. 이름은 왜(倭) 또는 양덕(養德)이라 했다. 성은 처음에는 사(史)였는데 야마토의 대화향(大和鄕)에 살았기 때문에 지명을 따서 화(和)라 했다.

화을계는 야마세국(山背國) 대지(大枝)를 본관으로 하는 토사숙니(土師宿禰) 진매(眞妹)를 아내로 맞아 딸 신립(新笠)을 낳았다. 신립은 백벽왕(白壁王)과 혼인하여 산부왕(山部王)과 조양왕(早良王) 두 아들을 두었다. 770년에 백벽왕이 등극하여 광인천황(光仁天皇)이 되니 황후

가 되었으며, 아들 산부왕이 781년에 아버지의 대를 이어 등극하여 환무천황이 되니 황태후가 되었다.

신립의 아버지 을계는 783년에 고야조신(高野朝臣)이란 성을 받았고 벼슬이 정 1위에 올랐으며 화씨 일가는 영화를 누리게 되었다. 신립의 조카 이에마로(家麻呂)는 환무천황의 신임이 두터워서 중납언(中納言)·중무경(中務卿)·궁내경(宮內卿) 등의 요직을 두루 거쳤다. 사후에는 종 2위의 대납언(大納言)이 추증되었다. 백제에서 일본으로 귀화한 일족으로서 유일하게 재상에 오르는 영광을 누렸다.

신립황후의 외가인 토사씨에게는 외척이라 대접하는 뜻에서 스가하라스쿠네(菅原宿禰)와 아끼시노스쿠네(秋蓧宿禰)의 성을 주었고, 황태후의 사후에는 토사씨 일가에게 대지조신(大枝朝臣)의 성을 주었다.

교토시 히라노미야 혼마찌(平野宮本町)에 히라노신사(平野神社)가 있는데 여기에는 이마기신(今來神)·구도신(久度神)·고가이신(古開神)의 3위를 제사하고 있다. 이마기신은 금목신(今木神)이라고 부르기도 하는데, 래(來)와 목(木)은 음이 같기 때문에 한자음이 같은 자를 차용하여 쓴 것이다. 여기에서 제사하는 이마기신은 바로 신립 황태후라고 전한다. 황태후 신립은 죽어서 대지산능(大枝山陵)에 묻히고 히라노신사의 신이 되었다는 것이다.

히라노신사의 3신에 대해서는 여러 설이 있다.

(1) 구도신은 구들신 즉 조왕신이다.

(2)   이마기신은 멀리 외국에서 온 신이다.

구도신은 백제 성명왕의 선조 구태신(仇台神)이다.

고가이신은 백제 고초고왕(古肖古王)이다.

(3)   이마기신은 백제의 성명왕이다.

구도신은 토사씨의 시조 토사부신이며 고가이신은 환무천황의 외증조부 오
에조신(大江朝臣)이다.

이상의 여러 설을 검토해 보면 신립황후와 그 친가와 외가의 선조들
이 관련되어 있는 점을 알 수 있다. 히라노신사의 제례 때에는 옛날에
도 황태자가 반드시 참배했고 신립황후의 후예와 화씨·오에씨(大江
氏) 일족의 참여가 있었다는 점으로 보아 신립 황후와 그의 친정 일족
의 신이며 특히 신립황후가 부각되어 있음을 알 수 있다.

신립 황후는 일본 귀족이나 명문가 출신이 아니라 백제에서 건너간
출신으로 높은 신분은 아니나 황후가 되어 친정의 화씨는 물론 외가인
토사씨에게까지 영달의 기회를 마련했다.

2. 신찬성씨록(新撰姓氏錄)의 백제인들

신찬성씨록은 758년부터 764년까지 6년간에 걸쳐 명유(名儒)들을 동
원해서 만든 씨족지(氏族志)를 보완해 815년에 30권으로 완성한 일본
고대의 씨족지이며 고대사 연구에 귀중한 자료이다. 체제는 당나라의

씨족지와 비슷하며 귀족 1,182개 성씨의 유래를 기록하였다.

수도에 가까운 기내(畿內)에 본관을 둔 귀족들을 황별(皇別)·신별(神別)·제번(諸蕃)·미완 잡성으로 4구분해서 나누고 각 계보를 간략하게 서술했다. 신찬성씨록에 수록된 백제계 성씨만을 골라내면 다음과 같다.

좌경(左京) 황별

　　　대원진인(大原眞人) : 민달(敏達)의 손자로 백제왕의 후예이다.

　　　도근진인(嶋根眞人) : 대원진인과 같은 조(祖)로 백제왕의 후예이다.

　　　풍국진인(豊國眞人) : 대원진인과 같은 조(祖).

　　　산어진인(山於眞人) : 위와 같음.

　　　길야진인(吉野眞人) : 위와 같음.

　　　상전진인(桑田眞人) : 위와 같음.

　　　지상진인(池上眞人) : 위와 같음.

　　　해상진인(海上眞人) : 위와 같음.

　　　청원진인(淸原眞人) : 대원진인과 같은 조(祖)로, 백제왕의 후예.

우경(右京) 황별

　　　양봉조신(良峯朝臣) : 황통 미조천황(彌照天皇)의 아들. 백제숙니(百濟宿禰) 지계(之繼)가 여유(女孺)가 되어 낳았음.

　　　지 미 련(止美連) : 전도공(田道公)이 지미촌의 백제여인 오녀(吳女)와 혼인하여 낳았다.

제번(諸蕃) 좌경제번 하(下)

　　　화　조　신(和朝臣) : 백제국 도모왕(都慕王)의 18세인 무령왕(武寧王)
　　　　　　　의 후예 등 14성(姓)

　　　우경제번 하(下)

　　　백　　제　　왕 : 의자왕의 후손 등 46성

　　　산성국(山城國) 제번

　　　민　　　수(民首) : 백제국인 노리사주(奴理使主)의 후예 등 5성

　　　대화국(大和國) 제번

　　　만　　연(緩連) : 백제국 박(狛)의 후예 등 6성

　　　섭진국(攝津國) 제번

　　　선　　연(船連) : 관야조신(管野朝臣)과 같은 조. 태아랑왕(太 阿郎
　　　　　　　王)의 후예 등 9성

　　　하내국(河內國) 제번

　　　수　해　연(水海連) : 백제국인 노리사주의 후예 등 15성

　　　화천국(和泉國) 제번

　　　백　제　공(百濟公) : 백제국 주왕(酒王)의 후예 등 8성

　　　미정 잡성(雜姓)

　　　백　제　씨(百濟氏) : 백제국인 모리가좌왕(牟利加佐王)의 후예 등
　　　　　　　16성

이상은 백제계라 명기한 것만을 수록한 것이고, 이밖의 백제계 성씨

에서 다시 갈라진 성씨와 명확히 구분이 불분명한 것은 여기에서 제외했다. 백제계에서 분가한 가계(家系)를 합하면 그 숫자는 훨씬 많을 것이다.

신찬성씨록에 니타난 백제·신라·고구려 3국의 성씨를 통계내 보면 아래의 표와 같다.

아래의 표에서 볼 때에 삼국에서 건너간 성씨가 196성이고 그 중에서 백제계가 131성으로 전체의 66%를 차자하고 있으며 고구려나 신라계보다 압도적으로 많음을 알 수 있다. 또 지체가 높은 황별(皇別)은 백제계밖에 없는 점이 두드러지다. 그 이유는 백제계는 일찍부터 일본과 교

구 분	백제	고구려	신라	합계
좌경황별	9	0	0	9
우경황별	2	0	0	2
좌경 제번	14	15	1	30
우경 제번	46	9	3	58
대화국	6	6	1	13
섭진국	9	3	1	13
하내국	15	3	1	19
화천국	8	0	1	9
잡성	16	7	8	31
합계	131	48	17	196

류가 많았고 나당연합군에 의해서 패망하자 가까운 일본으로 망명하여 정치·종교·문화·경제·의약·기술 등 일본사회의 각 분야에서 지도층으로 부상하였으며 또 황족과 혼인하여 상류사회를 형성하였기 때문이다.

3. 백제왕씨(百濟王氏)의 활약

백제 마지막 왕인 의자왕의 동생 풍장왕(豊璋王)은 조국이 위기에 빠지자 백제로 돌아와 왕위를 계승하여 백제의 부흥에 전력했다. 그러나 그의 아들 선광(善光 혹은 禪光)은 663년 백제가 패망하자 조국을 잃어 일본에 정착하였으며 백제왕씨의 성을 받아 그 후손들은 모두 백제왕씨라 불리고 왕족으로 우대받아 그의 사회적 지위를 유지하게 하였다. 따라서 백제왕씨란 의자왕의 왕자인 선광의 후손들 중 일본에 있었던 후손들을 말한다.

환무천황은 백제계의 여인 신립(新笠)에게서 태어났으므로 백제왕씨에 대한 배려를 많이 했다. 속일본기(續日本紀)에 의하면 환무 12년 2월 26일조에 '짐의 외척은 백제 왕씨'라 선언한 바 있거니와 외척 백제왕씨에 대한 특별한 배려를 함으로써 이들이 높은 벼슬에 올라 정계에 진출하여 영화를 누리게 되었다. 백제왕씨 중에서 두드러진 인물은 다음과 같다.

1) 백제왕 선광(禪光 또는 善光)

의자왕의 왕자로서 음양(陰陽)의 이치와 의약 및 진기한 보물에 관한 지식이 깊었
다. 660년 천무천황의 장례식에 백제왕족을 대표해서 제의와 망인의 생전의 공적을
찬양하고 슬픔을 나타내는 만가인 뢰가(誄歌)를 부를 위치에 있었으나, 노령으로
손자 양우(良虞)가 대신 불렀다. 백제왕가의 장례의식을 일본 황실에 정착시켰고
백제왕씨의 시조가 되었다. 691년에는 같은 일족인 원보(遠寶), 양우(良虞), 남전
(南典)과 함께 왕족의 우대를 받았다.

2)백제왕 창성(昌成)

선광의 아들로 소자위(小紫位)에 올랐으나 아비보다 일찍 죽었다.

3)백제왕 양우(良虞)

창성의 아들로 천무왕의 빈소에 나아가 조부 선광을 대신해서 뢰가(誄歌)를 불렀으
며 벼슬은 종 4위로 셋쓰량(攝津亮)을 지냈다.

4)백제왕 남전(南典)

백제왕족의 우대를 받았으며 벼슬은 종 3위에 올랐고 하리마(播磨)의 안찰사를 지
냈다.

5)백제왕 노충(老忠)

양우의 장자로 백제의 음악에 능했으며 벼슬은 종 4위에 올랐고 이즈모모리(出雲

守)를 지냈다.

6)백제왕 전복(全福)

양우의 둘째 아들로 백제의 음악에 능했으며 일왕 앞에서 연주한 바 있다. 벼슬은
종 4위에 오르고 오하리모리(尾張守)를 지냈다.

7)백제왕 경복(敬福)

양우의 셋째 아들로 백제왕족 중에서 가장 많은 업적과 화려한 경력을 가지고 있다.
육오수(陸奧守, 무쓰모리) 때에 황금 9백량을 헌납하여 도따이지(東大寺) 대불을
도금케 하였다. 649년 성무천황의 국상 때에 산작사(山作司)로 백제의 궁중 장의를
일본에 정착시켰고 국가의식에 백제의 무(舞)와 악을 도입했다. 벼슬은 종위에 오
르고 동북경영에 크게 공헌했다.

8)백제왕 이백(理伯)

경복의 아들로 벼슬은 종 4위에 올랐으며 우경대부(右京大夫)를 지냈다. 1남 3녀를
두었는데 세 딸이 모두 궁인이 되어 황실과 깊은 관계를 가지고 있었다.

9)백제왕 준철(俊哲)

이백(理伯)의 아들로 종 4위에 올랐으거 육오진수장(陸奧鎭守將)과 하야수(下野守)
를 지내 동북경영에 큰 공을 세웠다.

10)백제왕 명신녀(明信女)

이백의 1녀로 당시의 세도가 후지하라조신계승(藤原朝臣繼繩)의 부인으로 종 5위에 올랐다가 남편이 죽은 후에 환무천황의 총애를 받아 궁인이 된 후 상시(尙侍)가 되어 종 2위에 올랐다.

11)백제왕 혜신녀(惠信女)

이백(理伯)의 딸로 환무천왕의 궁인이 되어 총애를 받아 종 3위에 올랐다.

12)백제왕 명본녀(明本女)

이백의 딸로 혜신과 함께 궁인이 되어 활약했고 종 5위에 올랐다.

13)백제왕 총철(聰哲)

준철의 아들로 3남 1녀를 두었으며 딸 진선(眞善)이 환무조에 여유(女孺)가 되어 권세를 누렸고 정 5위에 올랐다.

14)백제왕 교덕(教德)

준철의 아들로 궁내대보(宮內大輔)와 형부경(刑部卿)을 지냈으며 종 4위에 올랐다.

15)백제왕 교준(教俊)

총철의 아들로 경중(慶仲), 경세(慶世), 풍준(豊俊)의 세 아들과 경명(慶明) 영경(永慶)의 두 딸을 두었다. 경명은 차아천황(嵯峨天皇)의 여어(女御)가 되었고 영경은 인명(仁明)천황의 궁녀가 되었다. 아들 풍준은 삼송(三松)이라 성을 고쳤다.

16)백제왕 교법녀(敎法女)

준철의 딸로 환무천황조에 여어(女御)가 되어 종 4위에 올랐다.

17)백제왕 귀명녀(貴命女)

준철의 딸. 자질이 뛰어나 차아(嵯峨)천황의 여어(女御)가 되어 총애를 받아 기량친왕(基良親王), 충량친왕(忠良親王), 기자내친왕(基子內親王)의 3남매를 낳았고 종 4위에 올랐다.

18)백제왕 교인녀(敎仁女)

경복의 아들인 무경(武鏡)의 딸이며 여어가 되어 환무천황의 총애를 받았다.

19)백제왕 영손(英孫)

자경의 아들. 변방의 무리를 평정하고 데와모리(出羽守) 우위사독(右衛士督)을 지냈으며 종 4위에 올랐다.

20)백제왕 경인(鏡仁)

교덕의 아들로 가와치모리(河內守)를 지냈으며 종 5위에 올랐다.

21)백제왕 경명(慶明)

교준의 딸. 미나모토조신(源朝臣)에 출가하여 정(定), 진(鎭), 선희(善姬), 약희(若姬)의 4남매를 두었다. 남편과 사별한 후 차아천황의 총애를 받아 상시(尚侍)가 되었으며, 사후 종 1위에 올랐다. 백제인의 후손으로 가장 높은 자리에 올랐다.

22)백제왕 현경(玄鏡)

소납언(少納言)과 형부경(刑部卿)을 지냈으며 환무천황이 교야(郊野)에 행차할 때에 백제악을 연주한 바 있다. 종 4위 자리에 올랐다.

23)백제왕 효충(孝忠)

원강수(遠江守)와 자미소필(紫微少弼)을 지냈으며 성무(聖武)천황이 안담강(安曇江)에 행차할 때에 백제악을 연주했고 종 4위에 올랐다.

24)백제왕 승의(勝義)

문장이 뛰어나 대학소윤(大學少尤)이 되고 단마수(但馬守)와 우경대부(右京大夫)를 지냈으며, 자성전(紫晟殿)에서 백제의 풍속악과 춤을 연주했다. 종 4위상에 올랐다.

25)백제왕 인정(仁貞)

비전수(備前守)를 거쳐 황태후 신립을 모셨으며 황태후가 죽고 나서 그 주기어제회사(周忌御齊會司)가 되어 백제의 의례를 집행하였으며 백제의 제의를 일본 궁중 제사의례에 도입했다. 목공기술이 뛰어나 목공두(木工頭)를 겸했으며 종 4위에 올랐다.

26)백제왕 여천(女天)
성무천황이 안담강에 행차할 때에 백제악을 연주하였는데 천황이 감동하여 무위에서 단번에 종 4위에 올랐다.

27)백제왕 풍충(豊蟲)
자기 아버지를 위해서 법화경(法華經), 금강반야경, 이취반야경, 최승왕경, 약사경 등 20권의 불경을 번역하여 불교전파에 큰 공을 세웠다.

28)백제조신 하성(河成)
여(余)성으로 통하기도 하는데 백제왕족의 후손으로 하리마개(播磨介)를 지냈다. 산수화, 초목화, 고인화에 뛰어난 솜씨가 있어 일본 최초의 화가로 알려있다. 조원(造園)기술에도 능해서 차아천황의 이궁(離宮)의 돌 정원도 그의 작품이다. 余씨가 후에 徐씨가 되었으며, 이로 인해 서하성(徐河成)으로도 알려져 있는 백제 화가이다.

29)백제조신 족인(足人)
여(余)성으로 불리기도 하는데 백제왕족의 후손으로 육오안찰사(陸奧按察使)와 우경대부(右京大夫)를 지냈으며 종 4위에 올랐다.

이상과 같이 백제왕손들은 일본에서의 정계·문화계 진출은 괄목할 만해서 두루 다 기록할 수가 없다. 평안시대(平安時代)의 785년에서 879년까지의 93년간에 서위(敍位)에 오른 사람은 무려 71명을 확인할 수 있는데, 조사하면 더 많은 숫자가 있을 것으로 생각한다.

서위(敍位)를 받은 통계는 다음과 같다.

종	1위		1인
종	2위		1인
종	3위		4인
종	4위	상	2인
종	4위	하	15인
정	5위	상	1인
정	5위	하	5인
종	5위	상	16인
종	5위	하	32인
정	6위	상	1인

위의 숫자에는 여인이 13명이나 포함되어 있으니 백제여인들이 황후·상시·여어·여유가 되어 황족과 혼인해 대궐의 안방을 차지하고 친왕(親王) 내친왕(內親王)을 낳아 백제의 혈통이 일본의 황족에 혼합되었다. 또한 당대의 세도가와 혼인을 하는 일도 많았다. 광인(光仁)조의

신립황후(新笠皇后)에서 시작하여 환무(桓武)·차아(嵯峨)·인명(仁明)조에 이르기까지 이 시기는 백제여인들의 전성시대였다.

종 1위는 경명(慶命), 2위는 명신(明信)으로 여성이 우위에 있음을 알 수 있다.

이상은 백제왕족의 후손들만을 통계낸 것이고 그 외에 백제에서 일본에 건너간 사람들의 후손들까지 합하면 엄청난 숫자에 이를 것이다.

당시 일본의 동북방면은 아직 미개한 상태에 있어서 자주 반란이 있었으나 백제인들에 의해서 평정되었고, 백제인들이 다스렸으니 이것이 소위 동북경영이다. 백제계 왕족 후손들의 동북경영은 다음과 같다.

743년   경복 육오수(陸奧守)가 되다

749년   경복 황금 900냥을 헌납하다

750년   경복 상육수(常陸守)가 되다.

752년   삼충(三忠) 황이교도(荒夷敎導)가 되다.

755년   삼충 출우수(出羽守)가 되다.

765년   문경 출우수가 되다.

774년   무경 출우사가 되다.

775년   준철 에소(暇夷)를 토벌하다.

780년   준철 육오진수(陸奧鎭守) 장근이 되다.

785년   영손(英孫) 출우수가 되다.

781년   준철 정이부사(征夷副使)에 오르고 육오진수장군을 겸하다.

이렇듯 1백여 년에 걸쳐 백제계들에 의해서 일본 동북(東北)지방은 통치되고 있었다.

백제왕씨가 계보(系譜)

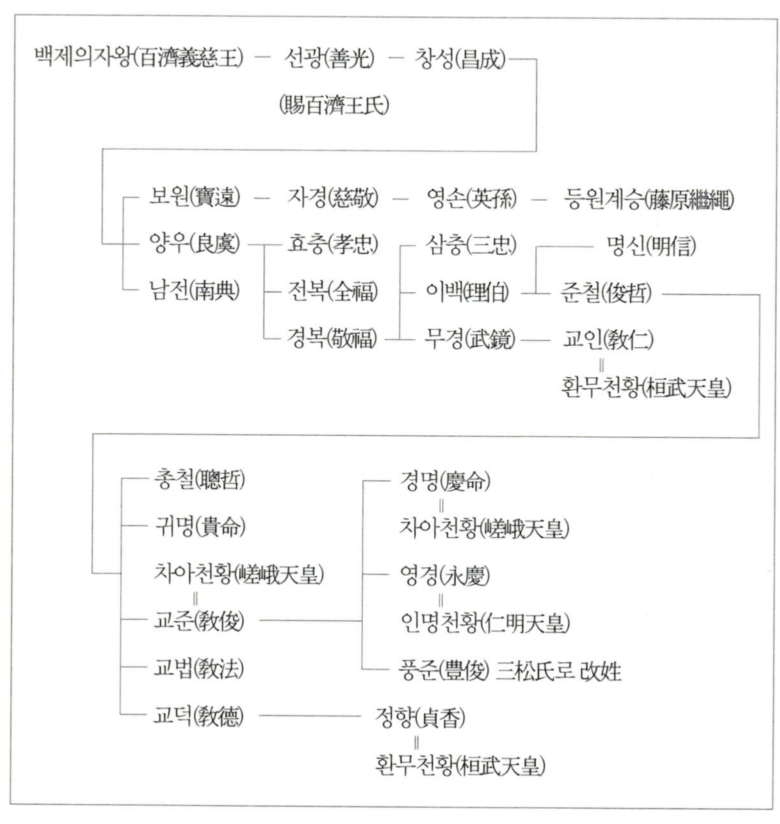

백제인들의 유적

1. 동북(東北)지방

1) 다가성지(多賀城跡)

미야기껭(宮城縣) 다가시(多賀市)에 다가성 유적이 있다. 센다이시(仙台市)에서 동쪽으로 10킬로 지점의 언덕 위에 자리하고 있으며 동북지방의 가장 큰 유적이다. 이곳은 옛날 육오국(陸奧國)의 중심지인데 나라의 헤이안성(平安城) · 후쿠오카현(福岡縣)의 다자이후(大宰府) 유적과 함께 일본 3대 유조의 하나이자 국가지정 특별유적으로 도어 있다. 7~8세기경 동북지방어는 원주민인 아이누 즉, 에소(蝦夷)족들이 살고 있어서 자주 반란이 일어났기 때문에 이 지역의 평정은 큰 과제였다. 나라시대에는 이곳에 육오국부(陸奧國府)와 진부(鎭府)를 두어 동북경영의 거점으로 삼았다.

다가성의 축성 연대에 대해서는 여러 설이 있으나 8세기 중엽 백제왕씨들에 의해서 동북경영이 시작되면서 규모가 큰 성으로 발전한 것으로 여겨진다. 그 이전에는 책(柵)이란 기록이 있는 것으로 보아 에소족을 막아내기 위한 방어용 목책(木柵)으로 시작하였으나 반란이 심하고 또 동북경영의 중요성을 감안, 성곽으로 격상시켜 발전된 것이다

백제 선광의 증손인 경복(敬福)은 백제왕씨의 대표적인 인물로 천평(天平) 10년(738) 무렵부터 육오수(陸奧守)·상총수(上總守)·상륙수(常陸守)를 지냈으니 주로 동북경영을 담당했다. 이 경복은 육오수로 있을 때에 금광 채굴과 야금술을 도입하여 황금 900냥을 헌납하여 동대사 대불을 도금하도록 하는 등 공을 세운 바 있다.

성의 규모는 남북 1.1km, 동서 0.9km나 되는 큰 규모로 동북경영의 행정·군사 중심지였으므로 거대한 성을 쌓았던 것이다. 발굴을 통해 출토된 유물 중에는 삼한의 영향을 받은 토기들이 많이 포함되어 있다.

경복에 이어 육오 진주장군에서 정이(征夷)대장군이 된 한국계 인물로 판상전촌마려(坂上田村麻呂)가 있는데, 이 사람은 백제 아지사주(阿知使主)의 후예이다. 그는 802년에 담택(胆澤)에 새로 성을 쌓고 이곳에 진주부를 옮겼다.

2) 데하국부(出羽國府)

야마가타현(山形縣)의 동해 쪽을 쇼나이(庄內)지방이라 하며 쇼나이 평야의 바닷가에 항구도시로 사카다시(酒田市)가 있다. 그 교외에 한변이 720미터인 정방형으로 삼나무(杉材) 목책을 두른 성륜책적(城輪柵跡) 유적이 있다. 토사기(土師器)와 연화문·당초무늬 기와가 발굴되

었다. 목책 안에는 전각·누각·관아 자리가 있었다. 이곳이 바로 데하(出羽) 지방을 다스리던 국부(國府)의 자리로 알려져 있다. 쇼나이지방은 모가미천(最上川)의 수량이 넉넉해서 일본 유수의 곡창지대이다.

데하지방은 천평 4년(760년)부터 백제계에 의해서 개척되고 관리되었으니 백제왕 삼충(三忠)이 데하개(出羽介)가 되고 3년 후에는 데하모리(出羽守)가 된 것을 비롯하여 이어서 백제왕 문경(文鏡)·백제왕 무경(武鏡)·백제왕 영손(英孫)·백제왕 총철(聰哲)·백제왕 고준(敎俊)이 데하수(出羽守)가 되어 마치 백제왕 일족은 단골처럼 원주민 에소족을 정벌하고 동북경영을 담당하였다.

오우지방(奧羽地方)을 동서로 양분할 때 동쪽 태평양 쪽은 육오(陸奧), 무쓰이고 서쪽 동해 쪽은 데하지방이니 지금의 오우지방은 백제인들에 의해 다스려지고 개척되었다.

3) 무생(武生)의 백제씨(百濟氏)

후꾸이현(福井縣) 금립군(今立郡)에 백제씨란 마을이 있다. 백제씨라고 하면 사람의 성씨를 연상하는데 이곳에서는 사람의 성씨가 아니라 마을의 이름이다. 즉 금립군지(今立郡誌)에 의하면 다음과 같이 기록하고 있다.

일본 23대 현종천황(顯宗天皇) 때에 백제국 노리사주(努理使主)의 후예 아구태자(阿久太子)인 미화(彌和)란 사람이 와서 누에 치는 방법과 직조하는 기술을 가르쳐

주었는데 그 산업이 지금도 그치지 않고 계승되고 있다. 또 일설에 의하면 백제 사
람들이 이곳에 와서 살았기 때문에 마을 이름을 백제씨라 부르게 되었다.

위의 기록에 의하면 6세기 초 무렵에 백제 사람들이 이곳에 와서 살
면서 누에 치는 양잠과 천을 짜는 직조의 기술을 가르쳤으며, 백제인들
이 살고 있는 마을이 백제씨란 지명을 갖게 되었음을 알 수 있다. 백제
인들이 무슨 이유로 언제 이곳에 와서 정착하였는지 정확한 이유는 알
수 없으나 538년에 백제의 성명왕은 불상과 불경을 보낸 바 있으니, 6
세기 초엽부터 백제와 일본은 교류가 많았던 점으로 보아 선진 백제 기
술자들이 일본에 가서 누에 치고 직조하는 기술을 가르쳤을 가능성은
배제할 수 없다.
　이곳의 하찌망신사(八幡神社)의 주변을 ‘백제천’이라 부르며, 그 외
에 후반(朽飯)이라고 쓰고서 일본 발음으로 ‘구지이’ 또는 ‘구다시’라
고 하는데, 백제를 ‘구다라’라 하고 백제인을 ‘구다라씨’라 한 것으로
보아 지명 ‘구지시’는 ‘구다라씨’의 와전(訛轉)된 음이라고 생각된다.
지명이나 성씨는 때로는 의외의 역사배경을 설명하는 중요한 단서가
되는 경우가 있다.

2. 간토(關東)지방

현재의 토쿄(東京)를 중심으로 한 그 일대를 말하는데, 간토평야와 무

사시노(武藏野) 일대가 여기에 해당된다. 무사시노와 백제의 유민들과는 일찍부터 밀접한 관계가 있었다. 즉 일본서기(日本書紀)에 의하면 다음과 같은 기록이 있다.

o 덴치(天智) 5년(666년) : 겨을 조에 백제인 남녀 2,000여 명을 동국(東国)에 옮겨 살게 하였다. 승려와 속인을 가리지 않고 3년 동안 관에서 식량을 주었다.

o 덴무(天武) 15년(686년) : 백제인 승려 및 속인 남녀 23인을 모두 무장국(武藏國)에 안치하다.

백제가 패망하자 일본에 망명한 사람들 남녀 1,100여명을 오미국(近江國)의 간사끼군(神崎郡)과 가모군(蒲生郡)에 정착시킨 일은 이미 앞서 언급하였거니와 1,400년 전에 2천여 명을 무사시(武藏) 지방에 정착케 하였으니, 당시의 인구가 희소했을 것을 생각하면 그 후예의 숫자는 막대할 것이다. 무사시국은 지금의 도쿄도(東京都)와 사이타마현(崎玉縣)을 합한 곳이니 무사시평야 일대는 백제인들에 의해서 개척된 곳이다.

1) 신다이사(深大寺)

도쿄도(東京都) 조후시(調布市) 신다이지쵸(深大寺町)에 신다이사라는 거찰이 있다. 향토사 대계의 동경도사편(東京都史編)에 한반도에서 내려간 사람들과 원주민 사이에서 태어난 사람에 의해서 창건되었다고

기록되어 있고 「한래(韓來)문화의 후영(後影)」에 의하면 다음과 같이
기록되어 있다.

세이무천황(聖武天皇, 724~749) 시대 이곳에 우근모(右近某)라는 장자가 살았는데
실제의 이름은 온정우근(溫井右近)이었다. 백제의 땅, 지금은 충청남도 온양 온정
리(溫井里)에서 살다가 일본에 갔다. 현지인 호(虎)라는 여인과 인연을 맺어 딸을
하나 낳았다.
딸이 성장해서 복만(福滿)동자와 사랑하니 소문이 나서 부모가 노하여 호수 안에
집을 짓고 딸을 감금했다. 복만은 연정을 억제할 수가 없어 호수를 담당하는 수신인
심사대왕(深沙大王)께 빌어 '호수 안의 집에 가게 해주면 호수의 신으로 또 마을을
지키는 수호신으로 모시겠노라'고 맹세를 했다. 그러자 큰 거북이 나타나므로 그
등에 타고 호수 안에 들어가서 애인을 만나 행복한 나날을 보냈고 아들을 하나 두었
다. 그 아이는 총명했고 자라서 승려가 되어 중국에 가서 불교를 공부하고 돌아와서
신다이사를 지었다. 이 절을 창건한 이는 만공 스님으로 세이무천황 (聖武天皇) 천
평 5년(728년)의 일이다.

이상은 신다이사의 기원담으로, 이것은 절에 보관되어 있는 연기회권
(緣起繪卷)을 이야기로 푼 것인데, 이 이야기 주인공의 할아버지가 당
시의 백제 땅 온정리 출신인 점으로 보아 전설에 가까운 이야기이기는
하나 백제와의 관련을 비치고 있다.
또 『신편풍토기(新編風土記)』에 의하면 환무천황 18년(799년)에 목화

씨를 처음으로 들여와서 광복(黃福)이란 사람이 직조하는 기술을 가르쳤기 때문에 이곳을 조후(調布)라 부르게 되었다고 하니 옛 무사시국의 복판, 그러니까 현재 토쿄(東京) 서쪽 교외에 위치한 조후시의 지명유래를 이같이 설명하고 있는 것이다.

2) 백제유적

상야국(上野國), 다시 말해서 지금의 군마현(群馬縣) 감량군(甘良郡)에 백제장(百濟庄)이 있는데, 백제인들이 집단으로 살던 곳이다. 상륙국(常陸國)은 지금의 이바라키현(茨城縣) 신치군 안식촌(安飾村)으로, 일명 안식(安食)이라고도 하는데 일본 음으로 '아지기' 라 발음한다. 아지기란 오진(應神) 14년 백제에서 도래하여 좋은 말 2필을 헌상한 아지사주(阿智使主)란 뜻으로, 이 일대는 백제유민들이 살던 곳이다.

하총국(下總國)은 지금의 이바라기키현(茨城縣) 원도군(猿島郡)에 해당하며, 이 지역에 백제인으로서 간솔(杆率) 벼슬을 한 답타사지(答他斯智)의 후손 답타이나마려(答他伊奈麻呂)와 일행 5인이 살았으며 중야조(中野造)란 성을 가졌다.

3) 간토(關東) 일대의 백제계 수령들

백제계는 동북지방은 물론 관동지방의 경영에도 많은 공을 세웠고 환무천황의 연력(延曆) 연대를 전후하여 백제 후손들이 간토지방 수령을 지냈으니 일람하면 다음의 표와 같다.

지 역	관 명	성 명	연 대
사가미국(相模國)	사가미수(相模守)	갈정연제회(葛井連諸會)	743년
	사가미개(相模介)	좌태기촌미촌(佐太忌寸味村)	837년
	사가미개	백제왕승의(百濟王勝義)	820년
	사가미개	백제왕승의(百濟王勝義)	785년
안방국(安房國)	안방수(安房守)	백제왕선종(百濟王仙宗)	778년
	안방수	정촌숙이진경(淨村宿禰晋卿)	785년
	안방수	백제왕원승(百濟王元勝)	797년
상총국(上總國)	상총수(上總守)	백제왕경복(百濟王敬福)	748년
	상총개(上總介)	화조신삼구족(和朝臣三具足)	784년
	상총수	백제왕현경(百濟王玄鏡)	789년
	상총수	백제왕교덕(百濟王教德)	799년
하총국(下總國)	겸하총수(兼下總守)	판상예전마여(坂上刈田麻呂)	785년
상육국(常陸國)	상육수(常陸守)	백제왕원보(百濟王遠寶)	700년
	상육원외개(常陸員外介)	내장기촌약인(內藏忌寸若人)	770년
겸상육수(兼常陸守)	화조신입록마여(和朝臣入鹿麻呂)		806년
	상육수	관야조신진도(管野朝臣眞道)	불명
하야국(下野國)	하야개(下野介)	화조신국수(和朝臣國守)	785년
	하야수(下野守)	백제왕준철(百濟王俊哲)	791년
	하야개	백제왕교준(百濟王教俊)	799년
	하야수	백제왕교준	809년
무장국(武藏國)	무장원외개(武藏員外介)	내장기촌약인(內藏忌寸若人)	768년
	무장수(武藏守)	판상대숙이응양(坂上大宿禰鷹養)	813년
	무장수	백제왕경중(百濟王慶仲)	839년

　이상과 같이 관동지역의 수장(守長)으로 백제계가 23명이나 등용되어 압도적으로 많다. 반면 고구려계 4인, 신라계는 2인에 불과한 것으로 보아 7세기에서 8세기 초는 백제의 유민들이 관계에 크게 진출하였음을 알 수 있다.

3. 근기(近畿)지방

근기는 일본음으로 긴끼라고 한다. 긴끼지방은 일본의 중앙에 위치하여 고대에는 정치 문화의 중심지였다. 일본 고대의 수도인 나라(奈良) 교토(京都)가 긴끼지방에 있으며 비조문화(飛鳥文化) · 대화문화(大和文化) · 평안문화(平安文化)가 모두 이곳에서 발생하였다. 또한 대륙문화를 해상으로 수용한 곳이 나니와(難波)인데, 이 역시 긴끼지방에 속한다.

긴끼지방도 꽤 넓어서 오미(近江) · 교토 · 효고(兵庫) · 오사카(大阪) · 나라(奈良) · 미에(三重) · 와카야마(和歌山)의 7현이 여기에 속한다. 긴끼지방 일대에는 백제와 관련 있는 유적이 많은데, 특히 오사카부에 속하는 옛 셋쓰(攝津) · 가와치(河內) · 와이즈미(和泉) 등이 여기에 속한다.

1) 셋쓰국(攝津國)

백제인들이 긴 항로를 마치고 상륙하던 항구가 나니와(難波)인데 나니와는 옛 셋쓰국에 속한다. 난과(難波)를 '나니와'라고 읽었으며, 그와 같은 소리값인 랑화(浪華) · 랑속(浪速)으로 표기하는 일도 있었다. 나니와는 해변에 위치하기 때문에 해상교통의 요지여서 대륙의 문물을 수용하는 항구도시로 일찍부터 번창했다.

일본의 야마토정권이 성립되고 오진조(應神朝, 270~310) 때에 대우궁(大隅宮)을 나니와에 두었고 다음 왕조인 닌도꾸조(仁德朝, 313~399) 때에는 고진궁(高津宮)을 두었으며, 긴메이조(欽明朝, 540~571) 때에는 축진궁(祝津宮)을 두었고, 고도꾸조(孝德朝, 645~654) 때에는 장병풍기궁(長柄豊崎宮)을 두었으며, 사이메이조(齊明朝, 655~661) 때에는 나니와궁(難波宮)을 두었고, 세이무조(聖武朝, 724~748) 때에도 나니와궁을 두었으니, 오진조의 270년경부터 세이무조의 740년대까지 약 550년 동안 왕궁 또는 별궁이 있었으며 덴무왕(天武王) 6년(678)에는 나니와를 특별행정구역으로 지정하여 셋쓰직(攝津職)을 두고 특별관리를 하는 등 일본의 고대사에서 주목할 만한 곳이다. 600년대에는 백제와의 관계가 특히 많았고, 일본 정계와 문화계에 백제인들의 활동이 두드러진 시대였음을 생각할 때 나니와의 번영과 배경에는 백제가 있었음을 알 수 있다.

오사카시에서 한국교포가 가장 많이 살고 있는 곳은 이쿠노구(生野區)인데, 옛 백제군 백제향(百濟鄕)이다. 셋쓰국의 백제군이 언제부터 있었는지 그 역사는 알 수 없으나 '화명초'(和名抄)에 백제군을 구다라(久太良)라 읽고 삼향(三鄕)으로 나눠져 있었으며 지명인 백제주(百濟州) 구다라정(久太郎町) 등은 모두 백제와 관계되는 이름이다.

셋쓰국 일대는 4세기의 닌도꾸조(仁德朝) 때부터 백제 사람들이 많이 와서 집단으로 살던 곳이다. 백제향의 복판에 흐르는 하천을 헤이야천 또는 백제천(百濟川)이라고 한다. 백제인들이 와서 많이 살기 때문에 고을 이름과 하천의 이름도 백제라 부른 것이다. 지금도 이곳에 가면

오사카 시내의 구다라역

백제교(百濟橋)·백제역(百濟驛)·백제정류소(百濟停留所)·백제소학
교(百濟小學校)·은행의 백제지점(百濟支店) 등 백제라는 지명·학교
명·역명·상호 등을 찾아볼 수 있다.

일본 「영이기(靈異記)」에 의하면 백제의 승려 석의각(釋義覺)이 백제
사에 살면서 불교를 전파하였다고 하였는데, 지금 그 위치는 명확하지
않으나 구 백제군 안에 있었다고 전한다. 일설에는 대별왕사(大別王寺)
와 같은 사찰이라 추정하는 주장도 있다.

히가시나리구(東成區)에 백제사, 일명 하치오지사(八王子寺)가 있는
데, 그 유래는 확실하지 아니하나 백제란 이름을 붙인 것으로 보아 백

제와 관련이 있었던 것으로 생각된다.

오요도구(大淀區) 다이진호마찌(大仁本町)에 야사카신사(八坂神社)가 있는데 원래에는 왕인을 제사하기 때문에 왕인대명신(王仁大明神)이라 불렀다. 지명 다이진(大仁)은 "오-진"이라 읽을 수도 있어 왕인과 음이 같으니 왕인대명신이 있으므로 다이진정이란 이름이 생긴 것으로 이해된다.

히가시스미요시구(東住吉區)의 구와쓰덴신사(桑津天神社)의 뒤에 견성사(見性寺)가 있는데 이 절은 행기(行基)가 창건한 것으로 백제사(百濟寺)란 이름으로 부르고 있다. 이 일대는 옛날에는 북백제촌(北百濟村)의 상진 마을이 있었다.

백제 성명왕(聖明王)에 의해서 일본에 처음으로 불교가 전래된 것이 AD.538년이고 그로부터 54년 후인 592년에 쇼토쿠태자(聖德太子)에 의해서 사천왕사(四天王寺)가 지어졌으니, 사천왕사는 일본의 관사(官寺)인 법륭사(法隆寺)보다 14년이 앞선 일본 최초의 사찰이다. 사천왕사의 가람 배치는 부여 군수리(軍守里)의 폐사의 가람과 똑같은 양식으로, 절에 들어가는 남문에서 중문·탑·금당·강당이 일직선상에 지어져 있고 정남향이다. 일본에서는 이러한 가람 배치를 사천왕사식 가람이라 부르고 있다.

사천왕사를 지은 사람들은 백제에서 건너간 사공(寺工)들로 그 후손들은 아직도 건축업에 종사하고 있어서 현재 138대의 후손이 오사카에서 금강조(金剛組)라는 건축회사를 운영하고 있다.

일본서기에 의하면 512년 12월조에 백제의 국사(國使)를 나니와의 관
(館)에서 맞이한 일이 있고, 643년 3월조에 백제의 객관(客館)에 화재
가 있었다는 기록이 있는 것으로 보아 나니와에는 외국의 사신 특히 백
제의 사신을 영접하는 객관이 따로 있었음을 알 수 있으며 백제 사신들
의 왕래가 자주 있었음을 짐작할 수 있다.

셋쓰국은 지금의 오사카시를 제외하고 셋쓰시·다카기시(高槻市)·
후키다시(吹田市)·이케다시(池田市)·이바라키시(茨木市)·도요나까
시(豊中市)·기멘시(箕面市) 등으로 행정구역이 나누어져 있으며 요도
가와(淀川)의 서북쪽의 평야일대에 위치한다. 옛 셋쓰국 백제군(百濟
郡)이 있던 곳이다. 셋쓰라는 지명은 옛날 나니와와 이곳 일대를 관장
하는 행정의 장으로 셋쓰직이 있어서 그 이름을 따다가 지명으로 부르
게 된 것이다.

성씨록에 의하면 셋쓰지방에 한계(漢系)가 13족이 있었는데 그 중에
백제계가 9씨, 고구려계 3씨, 신라계 1씨로 되어 있어 백제 사람들이
가장 많았음을 알 수 있다.

하가시스미요시구(東住吉區)의 다카아이죠(鷹合町)가 있는데, 이곳은
구 백제군(百濟郡) 남백제향으르 일본서기에 의하면 백제왕족의 한 사
람인 주군(酒君)이 살았다. 백성의 한 사람이 그물을 쳐서 새를 잡았는
데, 처음 보는 새라 진기해서 닌도꾸(仁德) 천황에게 진상했다. 왕은 그
새를 주군에게 보이며 무슨 새냐고 물었더니 백제에서는 이 새를 훈련
시켜 새를 잡는다고 말하니 주군으로 하여금 기르게 하였다. 왕은 모즈

노(百舌鳥野)에서 꿩을 수십 마리 잡아 기뻐했다고 하며 이것이 일본에 있어서의 매사냥의 시초라 한다.

일본서기 덴찌(天智) 3년 조에 백제왕 선광(善光)을 나니와에 살게 하였다는 기록이 있다. 선광은 백제 왕족이었으니 따라서 그 주변에는 백제인들이 집단으로 살고 있었을 것이다.

히가시스미요시구에 우리하(瓜破)라는 지명이 있는데 백제승 도소(道昭)법사가 설교를 할 때에 한 여인이 감동해서 참외를 깎아 올렸기 때문에 지명이 되었다는 것이다.

2) 가와찌(河內) 지방

가와치는 오사카의 동쪽으로부터, 북은 히라가타시(枚方市)에서 남으로는 나가노시(長野市)에 이르는 일대를 말한다. 동쪽에는 이고마산(生駒山)을 사이에 두고 나라(奈良)와 접해 있으며 서쪽에는 오사카만의 바다에 이른다.

일찍이 바다를 건너온 사람들이 정착해서 대륙의 신진기술을 이용해 개간하고 개척한 곳이며 백제왕 경복(敬福)이 이곳 가와치국수(河內國守)가 되어 지금의 히라가타시 나까미야쵸(中宮町)에 저택을 지은 후로 그 일족이 이곳에 집단으로 정착하게 되었으며 백제 유민들의 본거지가 되었다. 그들은 고향에서 하던 풍속에 따라 단오·백중·칠석·추석 등의 연중행사를 하였으니 고향의 세시풍속을 이국에 전파하는 역할을 했고 문화유적을 많이 남기고 있다.

후덴린시(富田林市) 일대는 백제인들이 많이 거주하고 있어서 옛날에는 백제향(鄕)이라 불렀다. 금직(錦織)이란 마을에 금직신사가 있는데, 백제에서 건너간 사람들이 직조하던 곳이어서 백제인들의 선진기술인 직조업이 지명이 된 예이다. 또 인근에 다다라(多多良)란 곳이 있는데, 백제 성명왕(聖明王)의 셋째 아들 임성태자(琳聖太子)가 일본에 와서 '다다라' 라는 성을 갖게 되었으며 그가 살던 곳의 지명이 되었다.

나가에(長榮) 마을에 나가다신사(長田神社)가 있고 백제산(百濟山)에 장영사(長榮寺)란 절이 있다. 「신찬성씨록」에 의하면 장전신사(長田神社, 나가다진쟈)의 주신은 원래는 백제국 위거왕의 후손 장전사주(長田使主)로, 그가 이곳에 살았으며 인근에는 아직도 백제라는 성을 가진 후손들이 살고 있다. 백제산이라는 사찰이름은 백제의 법사가 창건한 데서 유래한 것이라고 한다.

하가시오사카시(東大阪市)의 가와치쵸(河內町)에 가와치사(河內寺)가 있었던 유적이 있다. 본래 이 사찰은 백제 도모왕(都慕王)의 후손으로 가와치지방의 호족인 가와치직(河內直) 일족의 단가 사찰이었다.

후지이시(藤井市)에 있는 가쓰이사(葛井寺)는 세이무천황의 칙원에 의해서 창건되었다고 하는데, 백제 왕족의 후손인 가쓰이씨(葛井氏)의 저택이 있던 자리에 절을 지었기 때문에 가쓰이사라 했고 행기(行基) 승이 도사로 머물러 있었던 곳이다.

하비기노시(羽曳野市)에 노나가사(野中寺)와 오쓰신사(大津神社)·아스카도신사(飛鳥戶神社)가 있는데 노나가사는 백제 진사왕(辰斯王)의

후손 선씨(船氏)의 단가 사찰이다. 선씨 또는 선사(船史) 일족은 해양지
식이 풍부하고 선박기술이 뛰어나 해상운송과 항만을 관장했던 호족으
로 권세를 누렸으니 일족만의 단가를 갖고 있었다.

오쓰신사는 현재의 제신(祭神)으로 스사노미고토(素戔嗚尊) 외에 두
신을 제사하고 있는데, 원래는 이 일대를 지배하던 백제계 진씨(津氏)
일족의 조상을 모시는 단가신사였다. 여기에서 하나 주의할 것은 도래
인들이 위하던 신사의 제신이 평안시대(平安時代)에 스사노미고토로
바뀐 경우가 많은 점이다.

이 일대는 주물공업이 번창하여 일본 주물의 발상지라고 하는데, 백
제의 주물공들이 정착하여 전파한 것이라고 전한다. 그 후손의 한 사람
인 현지의 미쓰다(光田)씨는 자기가 백제인 127대의 후손이라고 자칭
하고 있는 것으로 전해지고 있다.

옛 아스가베군에 있는 아스가베신사는 백제 왕족 곤기왕(昆伎王, 삼
국사기 백제 본기에는 昆支로 되어 있다. 곤지는 개로왕의 둘째 아들이
다. 첫째 아들은 문주왕이며 문주왕의 아들은 삼근왕, 곤지의 아들이
동성왕이다)을 주신으로 하고 있다. 곤기왕의 후손 아스가베 일족은 이
곳을 본거지로 하여 정착하였고 그들은 조상인 곤기왕을 조상신으로
모시게 된 것이다. 곤기는 무령왕(武寧王)과 동성왕(東城王) 두 아들을
두었는데, 무령왕의 후손으로 신립(新笠)이 있어 이 여자가 광인(光仁)
천황비가 되어 환무천황을 낳았고, 동성왕의 후손 아스가베 순자(順子)
는 인명천황을 낳았다는 새로운 학설이 일본학자에 의해서 주장되고

있다.

가와치국 태생의 나라시대 僧승 도경(道鏡)은 오랜 고행 끝에 비법을 터득하여 사람의 운명이나 길흉화복 · 질병 · 재난을 알아 맞추고 주술로 예언을 하는 등 술사(術士)의 기능까지 갖추고 있었다. 당시의 고겡 여왕(孝謙女王)은 도경과 가까운 사이여서 가와치국에 와서 연희를 베푼 일이 있는데, 이 때에 백제의 후손인 선씨(船氏) · 진씨(津氏) · 문씨(文氏) · 갈정씨(葛井氏) · 무생씨(武生氏) · 장씨(藏氏) 등 여섯 씨족 남녀 230명이 동원되어 노래하고 춤을 추는 소위 우타가끼(歌垣)를 했다. 이들은 남녀가 청홍의 화사한 옷으로 단장하고 두 줄로 열을 짓고 노래를 하였다. 여왕은 이들에게 천 2천 단, 면 5백 필과 돈을 하사한 바 있다. 고대에 남녀가 무리를 이루어 음주하고 노래 부르며 춤춘 제천의식이 있었는데 그러한 가무를 보인 것으로 해석된다.

히라가타시(枚方市)의 동쪽에 왕인묘라 전하는 분묘와 함께 '박사왕인지분'(博士王仁之墳)이라고 각자(刻字)한 돌비석이 있어 현지에서는 왕인의 묘로 보고 있으며 1938년에는 오사카부에서 '전왕인묘'(傳王仁墓)라 하여 사적으로 지정하였다. 왕인에 대해서는 앞서 언급한 바 있어 여기에서는 생략한다.

히라가타 시내의 옛 가와치국 중궁(中宮)에 백제사(百濟寺)의 유적이 있고 그 옆에 '백제국왕 우두천왕'(百濟國王 牛頭天王)을 제신으로 한 백제왕신사(百濟王神社)가 있다. 여기에 대한 것은 다음에 따로 언급하기로 한다.

3) 와이즈미(和泉) 지방

와이즈미는 오사카시의 남쪽, 지금의 사카이시(堺市)·다카이시시(高石市)·기시와다시(岸和田市)·와이즈미시(和泉市)·이즈미사노시(泉佐野市)에 이르는 해안지방 일대를 말한다. 북쪽은 나니와와 접경이고 동쪽은 가와치(河內)와 접하며 서쪽은 바다이고 남은 와카야마현(和歌山縣)과 접해 있다.

와이즈미 지방은 셋쓰의 나니와와 함께 바다에 접해 있어 대륙의 문물을 수용하기가 쉽기 때문에 일찍 개척되었고 대륙의 문화를 수용했다. 또한 비옥한 평야지대에 농경이 발달하여 많은 인구를 수용하였다.

사카이시의 옛 지명에 모즈(百舌鳥) 백제촌(百濟村)과 토사촌(土師村)이 있고 가까운 곳에 닌도쿠천황(仁德天皇)의 능(陵)이 있다. 이 일대에는 고분이 50여 곳이나 있고, 도요지가 많은 것이 특징이다. 고분이 많은 것은 일찍이 사람이 살았다는 증거이고 이곳에서 생산되는 도기 및 토기는 수혜기(須惠器)라 부르는데, 18세기 중엽까지만 해도 이들을 조선토기라고 불렀다.

모즈신사(百舌鳥神社) 또는 모즈 하치만사(八幡社)라 부르는 신사가 있는데, 이 신사는 오진천황(應神天皇)과 진구고고(神功皇后)를 제신으로 하고 있으나 가와치국 신명장(神明張)에 등장하는 백제사(百濟社)로 추정되며, 주신도 백제주군(百濟酒君)이란 주장이 있다. 이 신사의 사기(社記)에 의하면 48개의 분사, 360명의 승려, 8백 정보의 땅을 갖고 있는 큰 사찰이었다. 이 일대는 옛 백제촌이고 근처에 흐르는 하천을 백제천이라 부른다.

또한 신다쵸(信太町)에 히지리신사(聖神社)가 있다. 가와치국 5대사의 하나이며 일대에는 고분이 많고 구릉 지대이다. 다섯 신을 제신으로 하고 있고 그 중 한신(韓神)과 소부리(曾富理)가 있는데, 한신은 한국 신이고(韓은 한이며 일본에서는 '가라'로 읽는다. 모두 한국을 가리키는 말이다.)소부리는 일본 음으로 '소후리'이니 부여의 소부리(所夫里)와 같은 음이다. 이 신사를 창건한 사람은 신태수(信太首)인데 「신찬성씨록」에 의하면 백제인 백오(百午)의 후손으로 되어 있다.

사카이시(堺市)에 사쿠라이신사(櫻井神社)가 있다. 제신은 오진천황·주아이천황·진구고고 3신으로 되어 있으나 원래는 사쿠라이씨의 조상을 제사하는 단가(檀家)라 전한다. 근처에는 일본에서 규모가 가장 큰 도요지가 있는데 백제의 도공들이 집단으로 살던 곳으로 알려져 있다. 이런 점으로 미루어 이곳은 아지사주(阿智使主)의 후손들이 살던 곳이고 그들이 조상신을 모시던 곳으로 이해된다. 인근에는 아직도 '사꾸라이'란 성을 가진 사람들이 많이 살고 있다.

가와치국 안에는 행기(行基)와 관련된 사찰과 불교유적이 많다. 행기는 백제 출신의 대승정(大僧正)이었고 속성(俗姓)은 고지(高志)씨인데 왕인의 후손이라 한다. 이에바라사(家原寺)는 행기의 생가 자리에 지은 단가였다. 일본 3대 문수원(文殊院)의 하나로 좋은 기업에 취직을 희망하는 사람, 좋은 배필을 원하는 사람, 특히 진학을 희망하는 수험생들이 합격을 기원하기 위해 많은 사람들이 찾아와서 참배하고 있다. 행기

가 13세 때에 어머니 봉전약사녀(蜂田藥師女)를 위해서 지었다는 봉전
사가 있다.

　다카이시(高石)에는 다카이시신사가 있는데 박사 왕인을 제신으로 삼
고 있는 것으로 전한다.

4) 나라(奈良) 지방

　첨상군(添上郡)일대에는 왕인과 관련된 유적과 사찰들이 많다. 왕인
은 일본명은 화인(和仁)·화미(和爾)·화니(和邇)·화이(和珥) 등으로
표기되고 있어서 혼선을 일으키는 일이 있는데 일본 음으로 모두 '와
니'라 발음한다. 첨상군 산촌향(山村鄕)은 옛날에는 화이(和珥)라 불렀
으며 백제에서 건너온 사람들을 흠명(欽明) 1년(540년)에 정착시킨 곳
이다. 근처의 지명에 화이고개(和珥坂)·화이못(和邇池)·화이천(和邇
川), 화이하신사(和爾下神社) 등이 있는데 모두 왕인(王仁)과 관련이 있
는 곳이다. 왕인과 그 후손들이 야마토조(大和朝) 시대에 지식인으로
크게 활약했기 때문에 그 일족이 사는 곳의 지명으로 된 것이다. 지금
도 천리시(天理市)에는 와니정(和爾町)이라는 마을 이름이 남아있다.
화이마을에 고량신사(高良神社)가 있는데 가을 9월 14일에는 화이신사
를 제사하고 다음날에는 고량신사에 제사를 드리게 되어 있어서 연계
되어 있다.

　「신찬성씨록」에 의하면 야마토(大和)에 본관을 둔 도래인은 모두 26
씨인데 한계(漢系) 11씨·백제계 6씨·고려계 6씨·신라계 1씨·임나

계 2씨로 되어 있다. 여기에서 말하는 고려란 고구려를 뜻한다.

고대의 일본문화를 꽃피게 한 시대는 아스카 시대인데, 지역으로 보면 고시군(高市郡) 명일향촌(明日香村) 일대를 아스카지방이라 한다. 이 일대는 도래인들이 모여 살던 곳으로 속일본기(續日本紀)에 보구(寶龜) 3년(772)에 판상예전마려(坂上刈田麻呂)의 상소문에 다음과 같은 기록이 있다.

'회우기촌(檜隅忌寸)을 야마토국(大和國) 고시군의 군사(郡司)로 임명하는 까닭은 나의 선조 아지사주(阿知使主)가 응신(應神)천황 때에 17현(縣)의 인민을 거느리고 왔으므로 칙명에 의해서 회우촌을 받아 살았으니 고시군 안에는 회우기촌씨와 17현의 사람들로 가득했으며 타성은 10명 중에 한 두 사람밖에 되지 않았다.'

이 기록으로 보아 고시군 일대는 도래인들의 집단거주지로 선주했던 일본인들보다 도래인들이 압도적으로 많았다. 이러한 인연으로 지금도 명일향촌과 부여(扶餘)는 자매도시를 맺고 우호를 다지고 있다.

이밖에도 고시군에는 백제인들의 둔창(屯倉)이 있었고, 이 일대에는 백제계의 예능인들이 살던 곳이다. 일본서기 웅략(雄略) 7년(463년)조에 백제에는 재기(才伎)에 뛰어난 예능인들이 많으니 동한직국(東漢直掬)에 명해서 백제에 가서 데려오도록 했다는 기록이 있다. 즉 도자기 만드는 도공·그림 그리는 화공·비단 짜는 금직공·말안장 만드는 안장공·통역하는 역관 등을 데려다가 아스카(飛鳥)지방의 도원(桃原)마을에 거주케 했다.

동한직궁은 아지사주(阿知使主)의 아들이고 아지사주는 일명 아지길사(阿知吉師)·아지왕(阿智王)·아직기(阿直岐)라 해서 백제에서 건너간 후예라고 전한다. 일본서기 숭준(崇峻) 원년(588년)의 기록에 의하면 백제에서 절을 짓는 사공(寺工)으로 태량미태(太良未太)·문가고자(文賈古子)와 주물박사 백매순(白昧淳)·기와박사 마나문노(麻奈文奴)·능귀문(陵貴文)·양귀문(陽貴文)·석마제미(昔麻帝弥)와 화공으로 백가(白加) 등의 여러 기술자와 승려 영조율사(聆照律師)·영위(令威)·혜중(惠衆)·혜숙(惠宿)·도엄(道嚴)·영개(令開) 등을 데려갔는데, 이 때에 불사리를 가져갔고 이들에 의해서 사찰이 지어졌을 것이다. 이 때에 지어진 비조사(飛鳥寺)는 일명 원흥사(元興寺)라고 하는데, 이 절을 지은 마자(馬子)는 그의 일족이라고 생각된다. 비조사 자리에서 발굴된 연화문 기와는 부여 군수리의 절터에서 발굴된 것과 같은 양식이다.

710년에 나라로 도읍을 옮기면서 새로 원흥사를 짓게 되고 원래의 비조사는 피폐되어 안거원(安居院)이라 부르게 되었는데, 목존불 비조대불(飛鳥大佛)은 백제계 사람인 조불사(造佛師)의 작이다.

아스카지방의 강(岡)이란 곳에는 서명왕(舒明) 때에 본궁이 있었고, 이곳에 강사(岡寺)란 사찰이 있다. 백제계 아도씨(阿刀氏)가 강련씨(岡連氏)가 되고 그의 후손 의연승정(義淵僧正)의 좌상이 이곳에 있는데 국보로 지정되어 있다. 의연승은 많은 제자를 길렀으며 행기(行基)와

양변(良弁)은 그의 제자이다.

법륭사(法隆寺)는 반구정(斑鳩町)에 있는데 반구는 일본 음으로 '이카루카'이다. 고시군에는 '가루'라는 지명이 있고, 가루는 가볍다는 '가루' 즉 경(輕)이란 뜻이 담겨 있으며 한(韓)의 가라에서 음이 전한 것이라 해석된다. 반구정에서 가까운 곳에 있는 유적에 '가라'란 곳이 있어 당고(唐古)라 쓰는데 한(韓)의 '가라'에서 유래했을 것이다.

일본의 거찰 법륭사(法隆寺)는 607년에 성덕태자(聖德太子)에 의해서 창건되었는데 백제의 목상관음(木像觀音)이 모셔져 있다. 늘씬한 키에 앳된 소년의 모습이 근엄하고 청초함을 느끼게 한다. 백제관음이란 이름으로 불리고 있는 것으로 보아 백제에서 가져갔거나 일본에 가 있던 백제의 조각공에 의해서 제작된 것이라 해석된다.

백제 성명왕(聖明王)의 둘째 아들 아좌태자(阿佐太子)가 그린 성덕태자의 초상이 교과서에 소개되고 있는데, 성덕태자는 백제와 친근한 사이였고 백제불교 도입에 적극적이었다.

원래는 백제천(百濟川)이던 증아천(曾我川)과 갈성천(葛城川) 사이의 들판을 백제야(百濟野)라 한다. 백제인들이 집단으로 거주하고 있기 때문에 내와 들에 모두 백제라는 이름이 붙게 되었다. 또 여기에는 백제사라는 거찰이 있었다. 근기철도 고전역(高田驛)에서 내려 버스를 타고 백제정류장에서 내리면 숲 속에 삼중탑이 보이는데, 이것이 벅제사이다. 원래는 백제대궁(百濟大宮)과 백제대사(百濟大寺)가 있었고 구층석탑(九層石塔)이 있었는데 지금은 폐허가 되었다. 백제인들이 집단으로 거주하는 백제야에 백제천이 흐르고 백제대궁과 백제사를 지었다. 백제대궁은 서쪽에 거주하는 백성들이 짓고 백제사는 동쪽에 사는 사람들이 동원되어 지었으니 국가사업으로 추진하였다.

서명(舒明)천황은 12년(640년) 10월에 백제궁으로 궁을 옮기고 다음 해에 백제궁에서 세상을 떠나 백제궁 북쪽에 묻혔다. 다음 임금인 황극(皇極)은 아스카의 새 궁에서 등극하였으며 백제궁은 폐궁이 되었다.

이런 점으로 미루어 보아 당시에는 백제가 일본의 국가 권력과 밀접한 관련이 있었음을 의미한다.

다카마쓰즈카(高松塚)의 발굴은 일본의 고대문화를 이해하는데 큰 역할을 했다. 벽화에 그려져있는 사신도(四神圖)와 여인상이 대륙풍이어서 이것을 고구려 계통이라 보는 이가 많으나 등택일부(藤澤一夫)씨는 오히려 '백제계로 보는 것이 타당하다'고 주장하고 있다. 고구려인들이 남으로 내려와서 백제를 세웠으니 고구려와 백제는 문화적으로 유사성이 많다.

생구군(生駒郡) 안도촌(安堵村)에 포파(飽波)신사가 있는데 포파씨의 단가신사다. 이 일대는 포파씨 일족이 살던 곳이다. 포파씨는 아지사주(阿知使主)의 일족이다.

천리시(天理市)의 석상신사(石上神社)에 칠지도(七支刀)가 전한다. 칠지도는 길이 75cm에 좌우에 3개씩 가지 모양이 달려 있고 끝에 하나 있어 7가지인 셈이다. 양쪽으로 칠 수 있는 양도(兩刀)이며 도신(刀身)의 앞과 뒤에 60여자의 문자가 양각으로 새겨져 있다. 명문에 의하면 백제에서 369년에 제조된데 대해서는 이의가 없으나 백제왕이 일본왕에 헌상한 것인지 아니면 일왕을 후(侯)로 여기고 내린 것인지에 대해서는 이견이 분분하다. 명문의 '의공공후왕'(宜供供侯王)이란 구절로 보아 백제왕이 지방의 제후에게 하사한 것이란 해석이 타당한 것이라 생각한다. 칠지도는 실용이라기보다는 주술적인 의미를 가진 것이란 해석이 우세하다.

나라시에 동대사(東大寺)라는 거찰이 있다. 성무천황(聖武天皇)의 발원에 의해서 백제계인 양변승정(良弁僧正)·행기(行基)·보리선나(菩提仙那)에 의해서 이루어진 사찰이다. 745년에서 752년까지 7년에 걸친 대공사였다. 동대사는 앉아있는 대불이 유명한데 백제가 패망했을 때에 일본에 망명한 국중공마려(國中公麻呂)가 대불사(大佛師)로 대불을 주조하는 일을 맡아 했다. 일본에서 제일 큰 대불을 만들어 놓고 도금할 돈이 없을 때에 육오수(陸奧守)인 백제왕 경복(敬福)이 황금 900량을 기부해서 도금하게 하였다.

동대사의 문고에서 20여 년 전에 경주 불국사의 설계도가 발견되어 화제가 되었는데, 사찰건축에 있어 정보의 교류가 일찍이 있었음을 알 수 있다.

동대사는 일본 화엄종(華嚴宗)의 총본산인데 화엄교는 백제계 도래인 왕진이(王辰爾)의 후손인 자훈(慈訓)에 의해서 전파되었다.

나라시내에 동대사 다음가는 관사(官寺)로 대안사(大安寺)가 있다. 대안사의 기원은 617년에 승려의 도량(道場)으로 정사를 지었고, 그 후에 백제향으로 옮겨 백제대사라 불렀으며, 천무천황 때에 다시 고시(高市)로 이전하여 고시대관대사라 하였다가 716년에 나라로 옮겨 대안사가 되었다. 한 때 백제승 양변(良弁)이 이곳에 머물러 있었다.

일본서기 흠명 원년(540년)의 기록에 백제의 기지부(己知部)가 왔기에 첨상군(添上郡)의 산촌에 살게 했다고 하였으며 그 일족은 후에 산촌기촌(山村忌寸)이란 성을 받아 출세를 했다.

생구산 산록에 법륜사(法輪寺)가 있다. 백제에서 건너간 사찰 건축 기술자인 개법사(開法師)·원명법사(圓明法師)·하빙신물(下氷新物) 등에 의해서 창건되었다.

5) 오미(近江) 지방

근강(近江)을 '오미'라 읽는데 비파호(琵琶湖)를 둘러싼 시가껭(滋賀縣) 일대를 말한다. 호수를 기준으로 호수의 동쪽은 '호동(湖東)', 호수의 서쪽은 '호서(湖西)'라 부른다. 호서지방은 산이 가까워서 유적이 적으나 호동 지방은 넓은 평야가 있어 농경이 발달했고 백제와 관련된 여러 유적들이 남아 있다.

6세기에 백제에서 불교가 일본에 전파될 때에 이곳 오미를 통과해서 나라(奈良)로 전해졌다고 하고 백제가 패망한 후 그 유민들이 665년에 백제인 남녀 400여 인을 호동의 신전군(神前郡)에 정착시켰으며, 669년에는 백제인 남녀 700여 인을 역시 호동의 포생군(蒲生郡)에 정착케 하였다. 이처럼 4년 사이에 1,100여인의 백제의 유민들이 호동지방에

정착했다. 1,100명이 정착하여 1,300년이 지난 지금 그 후손들의 숫자
는 수천만 명에 이를 것이다. 따라서 오미 일대의 주민들을 벅제유민의
후손들로 보아도 큰 잘못은 없을 것이다.

유민들 중에는 왕족과 고관을 비롯하여 학자·승려·화가·기술자
등 다양한 직업을 가진 사람들이 포함되어 있어서 백제의 선진문화가
일본에 전파되었다. 그들 중에서 능력을 인정받아 관리로 등용되고 학
식과 기술이 인정되어 일본사회에 기여하게 되었다. 7세기에서 8세기
에 걸쳐 일본사회에서 지도적인 역할을 한 백제왕씨를 비롯하여 불교
계와 건축·토목·야금·직조·의약 등 각 분야에서 큰 업적을 남기게
되었다. 이곳에는 앞서 언급한 백제사(百濟寺)와 복신(福信)장군의 아
들 귀실집사(鬼室集斯)를 제사하는 귀실신사도 있다. 귀실집사와 그의
제례에 대해서는 후술하기로 하고 이 지역의 개간사업과 백제 유민들
의 업적에 대해서 언급하기로 한다.

포생군 일대는 원래 습기가 많은 습지대이었다. 습지대는 벼농사가
알맞는 곳이다. 벼농사에 경험이 많은 백제인들이 벼농사에 최적지인
포생지방에 살게 되었으니 개간하고 수리사업을 해서 도작농경(稻作農
耕)을 하게 되었다.

백제에서는 329년에 벌써 제방을 쌓고 저수지를 만들어 수량을 조절
하고 적기에 물을 사용하는 수리사업으로 전라북도 김제에 벽골제(碧
骨堤)라는 저수지를 만들었다. 호남평야는 한국의 대표적인 곡창지대
이고 그 중에서 김제(金堤)와 만경(萬頃) 들을 이르는 넓은 평야는 쌀

생산이 가장 많은 곳이다. 이렇듯이 수리사업과 농경에 경험이 있는 백제인들이 도작농경에 알맞는 호동지방에 정착하였으니, 이국땅에서 생존하기 위해 개간하여 벼농사를 하게 되었을 것이다. 즉 백제의 농경기술이 호동지방의 개간에 기여하게 되었다.

일본서기와 속일본지에 의하면 천지(天智) 4년(665년) 백제인들에게 밭을 주었다는 기록이 있고, 대보 2년(702)에는 미농국(美濃國) 군민 716구(口)를 포생군에 이주시켰다는 기록이 있다. 이러한 이주는 농경을 위한 것으로 생각된다. 당시 이주시킨 장소는 수량이 풍부하고 토양이 비옥한 일야천(日野川)일대 이었을 것으로 생각된다. 이 인근의 지명에 지금도 조선야(朝鮮野)·조선방(朝鮮坊)·조선옥부(朝鮮屋敷) 등이 있고 귀실신사도 같은 지역에 있다. 또 일야정(日野町)에는 한국의 장승 즉 천하대장군을 뜻하는 대장군정(大將軍町)이란 지명이 전승되고 있다.

비파호에서 물이 흘러가는 뢰전천(瀨田川) 다리에 당교(唐橋)라고 부르는, 일명 한교(韓橋)가 있어 한국과의 여운을 풍기고 있거니와 그 근처에 큰 사찰인 석산사(石山寺)가 있었는데, 백제계의 후예로 이곳 태생인 승 양변(良弁)에 의해서 창건되었다고 한다. 이 석산사는 동대사 다음 가는 거찰로 6년 8개월에 걸쳐 1,300명이 동원되어 공사를 했으며 불교경전 정비사업으로 대반야경을 베끼기 위해서 백지 13,000여 장이 소용되었다고 한다.

비파호 북쪽에 금승사(金勝寺)가 있다. 이 역시 양변에 의해서 개산되었고 평성경(平城京)의 귀문(鬼門)을 담당하는 기능을 맡고 있었다.

지하정(志賀町) 일대는 왕인의 후예들이 집단으로 거주하던 곳으로 그의 후예에 소야씨(小野氏)·진야씨(眞野氏)가 있다. 호수에 면해서 당기(唐崎)가 있다. 일명 한기(韓崎)·신기(辛崎)라 쓰기도 하는데 일본 발음으로는 모두 '가라'가 된다. 이 역시 한국에서 건너간 사람들과 관련이 있는 곳이다.

비예산(比叡山) 아래에 위치한 일길대사(日吉大社)는 '산왕(山王)님'이라 불려지고 있는데 대산사신(大山咋神)을 주신으로 하고 있다. 대산적신(大山積神)이라는 신을 주신으로 하고 있으며 이 신 역시 백제에서 건너간 산신(山神)이라 전하고 있다. 전국에 3,800여의 말사를 거느리고 있다. 그 입구 우측에 대장군신사가 있는 것도 그 일대의 역사 배경을 이해하는데 도움이 된다.

포생정(蒲生町)에서 가까운 곳에 석탑사(石塔寺)가 있다. 천태종(天台宗)에 속하며 부여 정림사의 5층석탑과 비슷한 아육왕탑(阿育王塔)이라 불리는데 3층석탑이 서있고 그 주변에 84,000개나 되는 작은 석탑이 질서 정연하게 줄을 지어 널려 있다. 석탑사란 이름은 석불의 수가 많은 데서 유래한 것이다.

교토(京都)와 오미(大津)시의 중간에 삼정사(三井寺)가 있다. 대우촌주씨(大友村主氏)의 단가사찰이다. 대우씨는 백제계 아지사주의 후예로 알려져 있다.

풍향(豊鄕)에 아자기신사(阿自岐神社)가 있다. 제신은 백제의 아직기

가모 석탑사

이다. 아직기는 아지길사(阿知吉師)라 쓰기도 하는데 아직사(阿直史)의 선조이다. 인근에 안식향(安食鄕)이 있는데 일본 음으로 아직기와 같은 '아지기' 이다. 따라서 아직기 일족이 살던 곳임을 알 수 있다.

팔일시(八日市) 근처에 와옥사(瓦屋寺)가 있는데 사천왕사를 지을 때에 10만 6천장의 기와를 구운 곳이라 해서 기와절이란 의미를 가지게 되었고 천수관음상과 사천왕상을 모시고 있다. 도래한 와공들과 관련이 있다.

백제사의 인근에 금강륜사(金剛輪寺)가 있다. 일명 송미사(松尾寺)라고도 한다.이 절 또한 백제승 행기(行基)에 의해서 개산되었다.

오미 일대는 600년대에 백제에서 건너간 식자층과 전문기술을 가진 사람들이 포진하고 있었으니 일본서기 천지(天智) 10년의 기록에 의하면 좌평 여자신(佐平 余自信)과 사택소명(沙宅紹明)은 법률에 밝았으며 귀실집사는 학문이 깊어 학직두(學職頭)가 되었고, 달솔 곡나진수(谷那晋首)·목소귀자(木素貴子)·억례복류(憶禮福留)·답본춘초(答本春初)는 병법에 익숙다고 한다. 또한 본일비자(本日比子)·찬파라(贊波羅), 금라금수(金羅金須)·귀실집신(鬼室集信)·달솔 덕정상(德頂上)·길대상(吉大尙)은 약리에 밝았고, 허솔모(許率母)는 다섯 경전(五經)에 통했으며 각복모(角福牟)는 음양에 능통하여 모두 등용되었다. 이들은 모두 백제에서 신지식을 가지고 와서 포생군이나 신기군에 정착하여 사회 발전에 크게 기여했다.

천지왕은 대화신정(大化新政)을 실시하여 시정을 일신하고자 667년에 도읍을 나라에서 오미의 대진(大津, 오쓰)으로 옮기니 이곳이 소위 대진경(大津京)이다. 이 천도에 대해서 여러 해석이 있다. 천지왕이 백제를 구원하고자 출병을 했으나 패전하게 되어 민심수습과 방위를 위해서 천도했다는 주장이 있고, 또는 오미 지방에 도래계의 큰 세력이 있어 왕은 그 세력의 힘을 입어 안전을 도모했다는 설, 671년에 천지왕이 죽고 다음해에 대해인황자(大海人皇子)가 병졸을 이끌고 더진에 와서 대우황자(大友皇子)와 싸워 승리한 임신란(壬申亂) 때문이라는 설이 있다. 임신란에 승리한 대해인황자는 나라로 다시 돌아가 등극하여 천무왕(天武王)이 된다.

일반적으로 천지왕이 대진경으로 천도한데 대하여 그 배후에 큰 세력이 있었던 것으로 보고 도래족에 관심을 두고 있다. 포생과 신기지방에 백제인들을 정착시켜 그들에 의해서 오미 일대는 문화수준이 높고 도래인들이 호족으로 득세하여 정치·사회에 등장하게 되었다. 천지왕은 백제를 구원하기 위해서 출병할 정도로 백제와 밀접한 우호관계에 있었으며 백제계의 세력이 강한 오미로 천도하여 그들의 힘을 빌리고자 한 것이라 생각 할 수 있다. 환무조(桓武朝)가 나라에서 교토로 천도한 것도 진씨(秦氏) 일족의 힘이 보탬이 되었던 것과 같은 이유에서이다.

6) 교토(京都) 지방

환무천황(桓武天皇)은 연력(延曆) 13년(794년)에 교토에 평안궁(平安宮)을 짓고 장강궁(長岡宮)에서 평안궁으로 천도를 했다. 교토는 명치(明治)시대인 1869년에 도쿄로 다시 천도할 때까지 1,070여 년 동안 일본의 수도였다.

교토는 원래는 산배국(山背國)이었는데, 도읍으로 정하고 나서는 산성국(山城國)이라 이름을 고쳤다. 천도의 이유로서 '산천이 수려하고 사방의 백성들이 찾아오기 편한 곳이기 때문' 이라 했고 '산하(山河)에 둘려싸여 있어서 자연적으로 성을 이루고 있으므로 산성국이라 한다' 고 했다. 이제까지 일본은 나니와(難波)인 오사카, 아스카(飛鳥)와 야마토(大和)를 중심으로 하여 나라를 다스려 왔으나 북쪽 산밑으로 올라와서 새로 도읍을 정한 것이다.

새 궁궐인 평안궁(平安宮)을 조영하기 위한 초대 조경대부(造京大夫)는 등원소흑마려(藤原小黑麻呂)라는 사람이었다. 이는 신라계 도래인 진씨(秦氏)를 아내로 하였으나 1년 후 바로 사망하는 바람에 그 뒤를 맡아 실질적으로 평안궁의 조영을 맡은 사람은 화기청마려(和氣淸麻呂)와 관야진도(管野眞道)였는데, 이들은 백제계의 후예들이다. 관야는 백제왕족 진손(辰孫)의 후손이다. 또 조궁목수두(造宮木手頭, 궁궐을 짓는 도목수즉, 우두머리 목수)로 활약한 판상전촌마려(坂上田村麻呂)는 백제에서 건너간 아지사주(阿知使主)의 후손으로 동북지방을 평정하여 공을 세운 바 있다. 따라서 평안궁은 백제인의 기술과 지휘에 의해서 지어졌음을 알 수 있다.

교토로 천도한 환무왕은 백제여인의 몸에서 태어난 왕이기에 백제와 여러 인연을 가지게 된다. 광인천황(光仁天皇)은 백제인 화을계(和乙繼)의 딸 신립(新笠)을 맞아 산부친왕(山部親王)·조양친왕(早良親王)·능등내친왕(能登內親王)의 3남매를 두었는데 후일 큰아들 산부친왕이 등극하여 환무천황이 된다.

장강궁(長岡宮)의 남쪽에 있는 교야(交野)일대는 백제왕씨들의 본거지로 환무조와는 밀접한 사이어 있었다. 신립황후는 백제 의자왕의 혈통을 받았으며, 백제왕 명신(明信)은 장관 격인 상시(尙侍)에 올랐고, 백제왕 무경(武鏡)의 딸 교인(敎仁)은 후궁이 되어 대전친왕(大田親王)을 낳았으며, 백제왕 준철(俊哲)의 딸 정향(貞香)은 준하내친왕(駿河內親王)을 낳았고 준철의 또 하나의 딸 교법(敎法)은 후궁이 되었다. 이와 같이 환무천황 시절에는 백제계가 내궁의 안방을 독차지하고 친왕과 내친왕을 낳아 천황가의 혈통을 이어 이로부터 100여 년 동안 궁실을 차지하였으니 백제계의 전성시대였다.

「신찬성씨록」에 의하면 평안경의 좌·우경에 사는 도래인 씨족으로 백제계 60씨·고려계 24씨·신라계 4씨·임나계 3씨로 되어 있어서 평안경에 거주하는 도래인은 백제계가 가장 많았음을 알 수 있다.

교토 북부에 평야신사(平野神社)가 있는데 이 신사는 광인천황의 황후이고 환무천황의 생모인 고야 신입희(高野 新笠姬)를 비롯하여 한국에서 건너간 염직과 수예의 수호신인 금목신(今木神), 부엌과 아궁이를 담당하는 구도신(久度神), 제화(齊火)·청결을 담당하는 고개신(古開神)의 4신을 제신으로 하고 있다.

처음 창건된 당시에는 금목대신(今木大神)을 주신으로 하였는데, 금목과 금래(今來)는 일본음으로 같은 '이마기'이며 '지금 새로이 온 사람'이란 뜻으로 쓰는 말이었다. 야마토국에 금래군(今來郡)이 있는데 이들은 모두 백제에서 건너간 신참인들의 집단 거주지이다.

일본서기 웅략(雄略) 7년(463년) 조에 의하면 백제에서 건너온 예능인들을 '금래(今來)의 재기(才伎)'라 하였으니(지금은 재주 많은 기능인들이란 의미) 평야신사는 백제에서 새로 건너온 사람을 주신으로 하였음을 알 수 있다. 구도신은 우리의 조왕(竈王, 부엌신)이며 고개신은 불을 담당하는 불신이라 할 수 있다. 제의 때에는 경내에서 동유(東遊)·만세악(万歲樂)·연희악(延喜樂)·용왕(龍王) 납소리(納蘇利) 등 주

로 우방악(右方樂)인 고마악(高
麗樂)의 연주가 있어 우아하며
화려하고 성대한 제의(祭儀)를
드렸음을 알 수 있다. 평야신사
의 제례는 황실과의 관계가 깊어
서 황족이 자주 참여한 바 있고,
따라서 귀족들의 참여도 많았다.

신립황후의 무덤은 교토시 서
쪽에 있는 대지산(大枝山)에 있
어 대지능(大枝陵)이라 부른다.
이곳은 신립황후의 생가가 있던
곳으로, 어렸을 적의 추억이 많
은 곳이라 능지로 선정된 것으로
이해된다. 신립황후의 생모를 대
지조신진매(大枝朝臣眞妹)라 해
서 정 1위를 주었으니 선조가 살

대지산문 입구

던 지명을 존중한 것이다. 능 입구에는 석비가 서 있는데 '환무천황어
모어능'(桓武天皇御母御陵)이라 써 있고 주변에는 송림이 울창하다. 능
으로서는 규모가 작은 편이고 평야신사에 비해서 찾아오는 사람도 많
지 않다.

교토 야마시나(山科)에 판상모전마려(坂上刈田麻呂)의 아들 판상전촌

모지야마시 대장군신사

마려(坂上田村麻呂)의 묘가 있다. 이 사람은 백제왕 준철(俊哲)과 함께 동북을 정복했다. 육오진수장군(陸奧鎭守將軍)과 정위대장군을 지냈으며 평안궁을 조영할 때에 목공두로 활약한 바 있고 백제계의 후예이다. 교토의 거찰 기요미즈데라(淸水寺)는 판상전촌마려의 부탁에 의해서 건립한 것으로 알려져 있다.

　우지시(宇治市)에 옛날에는 강옥향(岡屋鄕)이 있었는데「신찬성씨록」에 이곳을 다스리던 '강옥공(岡屋公)은 백제국 비류왕(比流王)의 후손'이라고 기록되어 있어 우지 일대는 백제의 후예들이 다스렸음을 알 수 있다.

교토 삼조대장군신사

교토 우경구에 마쓰오신사(松尾神社)가 있다. 이곳에서는 대산사신 (大山咋神)을 제사하고 있으며 이 신은 미와신사(三輪神社)·우메미야 신사(梅宮神社)의 주신과 함께 술을 빚는 주신(酒神)으로 통한다. 대산 사신을 주해신(酒解神)이라 했다.

교토시내에는 일조통(一條通)의 대장군팔신사(大將軍八神社)·하무 (賀茂)의 대장군신사·삼조대로(三條大路)의 대장군신사를 비롯하여 부내(府內)에 30개의 대장군신이 확인되고 있다. 대장군팔신사의 약기 (略記)에 다음과 같이 기록되어 있다.

교토 대장군신사

환무천황이 평안(平安)으로 천도한 연력(延曆) 13년(794년)에 칙원(勅願)에 의해
방위수호(方位守護)를 맡는신으로 내리(內裏)의 서북방에 짓도록 했다.

이것으로 보아 환무천황은 새 궁궐을 짓고 궁의 서쪽을 지키는 방위
의 수호신으로 대장군을 모신 것이며, 가모(賀茂)신사와 그 밖의 여러
신사의 기록에 의하면 왕성수호신(王城守護神)으로 동서남북의 사면

교토 대장군팔신사

(四面)에 대장군신을 영입하였음을 알 수 있다. 환무천황은 새 궁궐을
짓고 어머니계의 수호신인 대장군, 즉 한국의 장승인 천하대장군을 맞
아 왕성을 지키도록 하였음을 알 수 있다.

일본의 대장군신은 백제의 유민들이 살던 곳에 집중되어 있고, 한국
에서는 옛 백제 땅에 많다.

7) 그 외의 지방

여기에는 미에껭(三重縣)·와까야마껭(和歌山縣)·효고껭(兵庫縣) 등
이 해당한다.

미에껭 일지군사(一志郡史)에 의하면 「신찬성씨록」을 인용하여 옛 호
족 11족 중 백제족 4족이 일지군에 살고 있었음을 소개하고 있다.

고야씨(高野氏)	고강촌고야(高岡村高野)	백제(百濟) 도래족
소천씨(小川氏)	고강촌전고(高岡村田尻)	백제 도래족
고시씨(古市氏)	팔산촌고시(八山村古市)	백제 도래족
진도씨(眞道氏)	가성정진견(家城町眞見)	백제 도래족

일지군에 백산정(白山町)이 있고 백산비미신사(白山比咩神社)가 있
다. 백산신앙은 가나사와(金澤) 백산신사(白山神社)의 백산신앙에서 유
래하고 있으니 우리의 태백산·소백산·백두산 등 신산(神山)에 백(白)
자가 붙는 것과 관계가 있는 것으로 볼 수 있으므로, 백산신앙은 한국
에서 일본에 전파된 것으로 이해 할 수 있다.

와까야마 기비쵸(吉備町) 다카세(高瀬)에 고사신사(高師神社)가 있는
데 그곳 군지(郡誌)에 의하면 이곳은 옛날 왕인박사의 봉토(封土)로 한
국인들이 많이 살고 있었다고 한다. 그들이 왕인의 학문과 덕을 우러러
신으로 섬기고 이곳에 제사했다. '고뢰(高瀬)'와 '고사'는 똑같이 일본
음으로 '다카세'라 하여 같이 쓰고 있는데, 여기서 고사(高師)는 왕인

을 뜻하고 있다.

　하진야(下津野)에서 양조업을 하고 있는 집의 뒤뜰에 오조고지(吾祖高志)란 돌비석이 있는데 고지(高志)씨는 왕인에서 갈라져 나간 분파로서 왕인의 후예 가운데 일족이다. 고지(高志)와 고사(高師)는 같은 뜻이다. 백제인, 나아가서는 왕인을 주신으로 연결시키고 있다.

　와카야마의 교외에 명무사(鳴武社)라는 촌사 유적이 있고 그 옆에 명신사(鳴神社)가 있다. 이 신사에서는 백제에서 술을 갖고 온 주신(酒神)을 제사하고 있다. 전설에 의하면 명무신은 백제 기도왕(耆闍王)의 넷째 딸로 술병 7개를 가지고 하늘에서 내려와 술을 전파시켰다고 한다. 신찬성씨록에 주부공(酒部公)이 대해서 '인덕왕(仁德王) 때에 한국에서 증증보리(曾曾保利) 형제가 왔는데 술을 양조하는 기술이 있다'고 해서 술을 빚게 했다. 즉 백제인에 의해서 술을 만드는 양조기술이 일본에 전파되었고 그 술은 탁주(濁酒)나 약주(藥酒)와 같은 것이라 생각된다.

　삼목시사(三木市史)에 의하면 환무조 연력(延曆) 8년(789년)에 정 6위의 벼슬에 있는 한단수광부(韓鍛首廣富)가 있었는데 한국에서 대장기술을 가지고 가서 일본에 제철 및 대장장이 기술을 전파시킨 사람이다. 인근에 있는 명요사(明要寺)는 백제 성명왕의 왕자 동남행자(童男行者)가 창건하였고, 대계사(大谿寺)는 백제승 법도선인(法道仙人)이 개창한 사찰이다.

　또 양로(養老) 6년(722년)에 단파국(丹波國)에 한단야수법마려(韓鍛冶首法麻呂)가 있었는데, 고사기에 의하면 백제의 근초고왕(近肖古王)

이 기술자로 한단야 탁소(韓鍛冶 卓素)를 데리고 간 일이 있는 것으로 보아 이 역시 백제에서 건너간 대장장이의 후손으로 알려져 있다. 이처럼 8세기 경에는 백제의 쇠를 다룰 줄 아는 제철·단야 기술자들이 일본의 제철·단야산업에 기여하고 있었다.

미키시(三木市) 인근에는 백제와 관계되는 것이 많이 있으니, 수험도사(修驗道寺)인 가야원(伽倻院)이 대표적이다. 이 역시 법도선인이 창건했고, 호전(戶田)의 들을 백제의 왕자 동남행자(童男行者)가 개간하였으며 고남사(高男寺)도 창건하는 등 불교전도에 기여했다. 수원사(隨願寺)와 일승사(一乘寺)는 백제승 법도선인에 의해서 개기(開起)되었다. 법도선인에 의해서 창건된 사원이 효고현 일대에 30여사(寺)나 된다.

상생시(相生市)에는 관음사가 있다. 백제승 혜변(惠弁)·혜총(惠聰)이 한 때 머무른 곳이고 백제승 혜시(惠寔)에 의해서 재건된 고찰이다. 니기시(尼崎市)의 무고향(武庫鄉)에 본관을 둔 모고수씨(牟古首氏)는 백제 편예길지(片禮吉志)의 후예이며, 석정향(石井鄉)의 임사씨(林史氏)는 백제인 목귀(木貴)의 후손이다.

니시노미야시(西宮市) 광전향(廣田鄉)에 본관을 둔 광전연씨(廣田連氏)는 백제인 신신군(辛臣君)의 후예이고, 호옥향(芦屋鄉)의 촌주는 백제 의보하라지왕(意寶荷羅支王)의 후손들이다.

간사키군(神崎郡)은 백제인들이 고향의 풍속에 따라 나무 울타리 성을 쌓고 살던 곳이며, 식마군(飾磨郡)의 거지촌(巨智村)은 백제인 기지부(己知部)란 이름에서 와전된 것이다.

4. 규슈(九州)지방

구주(九州)를 규슈라 읽는다. 한국에서 가장 가까운 거리에 위치하고 있다. 부산에서 대마도까지는 불과 50km이고 규슈까지는 바다로 200km를 사이에 두고 있어 오랜 옛날부터 배를 타고 왕래가 있었다.

중국의 왜인전(倭人傳)에 의하면 중국에서 출발하여 한국의 서해안을 따라 남하한 다음, 거제도 근처에서 뱃머리를 남으로 돌려 항해하면 첫 기착지가 대마도(對馬島)이다. 다시 남하해서 일기도(壹岐島)를 거쳐 규슈의 북단 복강(福岡, 후쿠오카) 근처에 상륙한다. 이 해상로는 일본에 가는 정로(正路)였다. 여기에서 다시 육로를 걸어서 가거나 배를 타고 세토내해(瀨戶內海)를 항해 해서 지금의 오사카인 나니와(難波)에 상륙하는 것이 정상적인 코스이다.

백제에서는 모두 이 길을 택했다. 그러나 신라에서는 이 길과 다소 다른 코스를 택했다. 동쪽으로 오키도(沖島)를 거쳐서 가는 단거리 코스가 있었기 때문이다.

부산에서 대마도까지는 50km의 거리이다. 날씨가 좋은 날이면 아득히 보인다. 따라서 옛날 용감한 젊은이들이 새로운 개척을 하고자 신천지를 찾아 바다를 건너 항해하는 모험을 했을 것이다. 즉 아무 것도 보이는 것이 없을 때에는 호기심도 일지 않으나 날씨가 화창한 날에는 아득

히 섬이 보이니 호기심이 생기고 더 살기 좋은 곳은 아닐까 해서 용감
한 사람들이 배를 타고 항해하여 모험 끝에 대마도에 도착했을 것으로
상상할 수 있다.

기원(紀元)을 전후해서 배를 만들어 길을 나섰으며 6·7세기 무렵에
는 정치적인 이유 즉, 백제의 망국과 같은 사건 때문에 대대적인 집단
항해도 있었을 것이다.

대마도에 가면 유적이나 옛날 신사들이 섬의 서북쪽에 편재해 있음을
알게 된다. 서북쪽이란 바로 한국을 향한 쪽이다. 바다를 건너간 사람
들의 첫 기착지는 섬의 서북쪽이 된다. 모험해서 대마도에 상륙한 사람
들은 우선 상륙한 지점에서 가까운 곳에 터전을 잡고 정착하여 집을 지
어 마을을 만들고 묘를 쓰고 신을 모셨으며 당(堂)을 지었을 것이다.

대마도에서 오랜 역사가 있는 기사카신사(木坂神社)는 해변에 위치하
여 멀리 서북쪽 고향을 바라보고 있으며, 해신신사(海神神社) 역시 바
다를 향해 도리이(鳥居)가 서 있고, 사고(佐護)의 덴도단(天道壇)도 바
다를 향해서 세워졌다. 이처럼 옛 신사(神社)들이 한결같이 서북향 즉
한국을 향해서 있는 것은 두고 온 고향을 그리워하는 망향(望鄕)의 간
절한 마음에서 한국을 향한 것이다.

대마도의 산에는 '단산(壇山)'이란 이름이 붙어있는 경우가 많다. 이
러한 단산에는 신을 모시는 당(堂)이 있고 신앙의 성지로 되어 있어서
함부로 드나들거나 나무를 베거나 토석(土石)을 훼손해서는 안된다. 만
약 어기면 신의 노여움을 사서 벌을 받는다고 믿고 있다. 우리의 당 신

앙·산신당 신앙과 똑같다. 따라서 대마도의 단산은 우리의 당산(堂山)과 같음을 알 수 있다.

대마도에서는 덴도신(天道神)이라 부르는 민간신앙의 대상이 되는 신이 있어 서낭당과 같이 돌을 쌓은 적석단(積石壇)이나 돌을 정성껏 쌓아올린 석탑(石塔)이 있어 신성한 곳으로 되어 있다. 우리의 옛날의 소도(蘇塗)와 서낭당과 돌탑신앙의 연장선에서 이해할 수 있다.

대마도는 일본으로 가는 길목의 첫 기착지이고 가까운 거리에 있기 때문에 민간신앙이나 풍속에 있어 공통된 것이 많고 유물이 산재해 있다.

대마도와 규슈(九州) 사이에 일기(壹岐, 이끼)란 섬이 있다. 면적은 30평방 킬로미터(㎢)의 작은 섬이다. 이 섬에서 규슈까지는 약 30㎞이다. 대마도는 산이 많아서 농토가 별로 없지만 일기는 산이 없고 잘 개간되어 있다. 섬 중심부에 도깨비굴이라 부르는 거석고분(巨石古墳)이 있고 현재 50여기의 고분이 보존되어 있다. 섬 남쪽에 당인신(唐人神)이라는 석굴이 있는데 원래는 한인신(韓人神) 이었을 것이다. 왜냐하면 당(唐)과 한(韓)은 일본음으로 '가라(から)'라 해서 음이 같기 때문에 한에서 당으로 와전된 것이라 생각된다. '가라(から)'는 한국의 옛 삼한(三韓)을 가리키는 말이며 가야를 뜻하기도 한다.

일기도(壹岐島)에서는 마을마다 후레(触)가 붙는다. 동후레·서후레, 남후레라고 하는 식으로 부르는데, 후레는 마을 단위를 의미하는 말이다. '후레'는 한국의 서라벌의 벌(伐)·소부리(所夫里)의 불·들을 뜻하는 ‘벌’, ‘펄’의 고형(古型)이며 이들과 조어(祖語)가 같고, 음전(音轉)하여 ‘후레’가 된 것이라 생각된다.

부산과 일본 시모노세키(下關) 사이의 직선상에 오끼도(沖島)라는 섬이 있다. 사람은 살지 않는 무인도인데 고대에는 왕래하는 선박들이 기항하고, 태풍으로 풍랑이 거셀 때에 기항하여 왕래하는 선부나 어부들이 해난사고가 없기를 비는 중간 기착지로서의 역할을 했다. 근래에 신제(神祭)의 유적이 발굴되었는데 금반지·유리그릇·말 안장 등과 같은 유물이 나와 항해하는 사람들의 신앙심을 짐작할 수 있게 되었으며, 바위 밑에서 제의를 거행한 것은 한국의 무속신앙과 유사하여 화제가 되고 있다. 일본의 해상교통의 신인 무나가다삼신(宗像三神)의 첫째 신이 있는 성지로서 지금도 금족지(禁足地, 출입금지구역)로 되어 있어서 상륙은 일체 금지되고 있다

규슈의 가장 가까운 북단에는 임진왜란 때에 풍신수길이 병참기지로 삼았던 나고야성(名護屋城)이 있는 요비고(呼子) 마을이 있다. 이곳에서 해안선을 따라가면 고다라(古多良)라는 마을이 있는데 옛날 백제 사람들이 건너가서 집단으로 거주하고 있어서 마을 이름이 된 것이다. 즉 일본에서 백제를 ‘구다라’라 부르는데 이 ‘구다라’가 와전되어 ‘고다라’가 된 것이다.

후쿠오카 시내에 우사하치망(宇佐八幡), 이시시미즈하치망(石淸水八幡)과 함께 삼대 하치망의 하나인 거기궁(筥崎宮)이 있는데 본전은 한국 쪽을 향하고 있다. 대호족인 오우치씨(大內氏)가 지었다. 오우치씨

란 백제 성명왕(聖明王)의 셋째 아들 임성태자(琳聖太子)가 야마구치현(山口縣) 다다라(多多良)의 해변에 도착해서 오우치촌(大內村)에 살아 앉으므로 오우치란 성을 가지게 되었고 그 후손들은 번창했다. 일본의 신사 12만사 중 하치망신사가 4만여사나 되어 가장 많은데, 이것은 모두 백제인이 관여한 예이다.

태재부시(太宰府市)에 대야성(大野城, 오노죠)이란 전장 8킬로미터나 되는 토성이 있는데 소위 '조선식 산성'이다. 나당의 연합군에 의해서 백제가 망하자 천지천황은 백제를 구하고자 원군을 보냈으나 백촌강(白村江)싸움에서 패전하고 돌아왔다. 백제를 지원한 일본이 미워 복수하고자 나당의 연합군이 일본을 공격할 가능성이 있다고 판단해서 대야(大野)에 산성과 수성(水城)을 쌓고 침공에 대비했다. 이 때 대야성 축성은 성을 쌓는 기술이 있는 백제의 억례복류(憶禮福留)와 사비복부(四比福夫)가 담당했다. 산성은 부여 부소산의 토성과 비슷하나 경사가 심하고 계곡 쪽은 돌로 쌓아서 매우 견고한 성이다. 사가(佐賀)의 기이성(基肄城)도 같은 시기에 백제인에 의해서 축성되었다.

북서쪽의 가라쓰(唐津)·이마리(伊万里)·아리다(有田) 일대는 도요지로서 임진왜란 때 끌려간 도공들에 의해 이름난 도자기의 명산지이다. 이곳에서 도자기의 시조로 숭상되고 있는 이삼평(李參平)은 조선시대의 일이기는 하나 백제 도요를 계승한 사람으로 서산 출신이라고 전해지고 이다.

북규슈시사(北九州市史)에 의하면 백제 사람들이 살던 곳의 지명으로 쓰이던 '백제'는 이름은 지금은 그 음이 와전되어 남원(楠原) 즉, '구스하라'라고 부르게 되었고, 신라인들이 살던 곳은 백목(白木) 즉, '시라기'라 부르게 되었다. 또 구마모토현(熊本縣) 야시로군(八代郡)의 백제목(百濟木)은 백제인들이 살던 곳이다.

하치망사(八幡社)의 총본산인 우사시(宇佐市)의 우사하치망궁(宇佐八幡宮)은 경내 규모가 13만평이나 되고, 본전 건물이 3채나 되며 4만이 넘는 분사(分寺)를 거느리고 있다. 제신(祭神)에 대해서는 여러 주장이 있으니 불교적신·모자신(母子神)·단야신(鍛冶神, = 대장장이신)이라는 주장과 세토내해(瀨戶內海)의 항해(航海)를 지키는 수호신 또는 신라에서 건너간 외래 신이라는 등 여러 가지 설이 있지만 어느 것이든 확실치는 않다.

우사의 하치망신을 섬기고 제의를 담당한 씨족으로 신도씨(辛島氏)·대신씨(大神氏) 등이 있는데, 이 중 대신씨는 백제계로 알려져 있다. 대신씨는 신라계인 진씨(秦氏)와 맞먹는 거족(巨族)이었으며 백제불교의 법경사(法鏡寺)를 단가 절로 삼고 있어서 대신씨는 백제계임을 뒷받침하고 있다.

다케오시(武雄市)의 이나사신사(稻佐神社)에서는 일본에 불교를 전달한 백제 성명왕(聖明王)의 아들 아좌태자(阿佐太子)를 합사하고 있다. 아좌태자는 불교교리에 능통했을 뿐 아니라 그림을 잘 그렸으니 쇼토쿠태자(聖德太子)의 초상화를 그린 일이 있다.

규슈 북부를 동·서로 뻗어있는 세후리산맥(背振山脈)이 있다. 주산은 해발 1,000미터가 넘어 서북풍을 막아주는 역할을 하고 있는데, 바로 이 세후리산맥에 구니미야다(國見峯)가 있다. 구니미산에 대해서는 '성군(聖君)이 높은 산에 올라가서 백성들의 살림을 걱정하는 산'이라고 해석하고 있어 그 타당성은 인정되지만, 세후리산맥의 위치로 보아 두고 온 먼 고향 한국을 바라보고 향수를 달래는 산이란 의미로 해석할 수도 있다.

규슈의 남쪽 기리시마산(霧島山)에 한국봉(韓國峯)이 있다. 등산로 입구의 안내판 설명에 의하면 '산상에 올라가면 경치가 좋아서 한국봉이라 이름하였다'고 써있다. 그저 경치가 좋아서 한국봉이라고 한다는 말은 의미상으로나 논리적으로 어울리지 않는다. 이 경우에도 기리시마산 여러 봉우리 중에서 한국봉이 가장 높아서 그곳에 올라가던 두고 온 고향 한국이 보일 것 같아서 한국봉이라 하였을 것이라 생각된다. 이와 같은 억지 설명을 가끔 볼 수 있다.

아리아케해(有明海)에 임한 익성정(益城町)에 아라호신사(荒帆神社)가 있고 여기에는 48개의 신상 조각이 있다. 백제의 일라(日羅)승이 배를 타고 항해하다가 풍랑을 만나 배가 전복되어 승선한 48명이 모두 물에 빠져 죽었다. 그래서 그 영혼을 위령하기 위해서 지은 신사이기에 이국(異国)의 의상을 입은 신상을 만들어 그 혼령들을 제사하고 있다. 그들은 의상으로 보아 백제인이라 생각된다. 아시기타군(葦北郡) 후쿠하마(福浜)에 일라승을 주신으로 한 대장군사(大將軍社)가 있다. 일라 승은 상락사(常樂寺)를 창건하였는데 여기에도 이색적인 복장을 한 목

구마모토 일라신사

상(木像)이 있다.

　야시로시(八代市)에 야시로신사가 있다. 일명 묘겡궁(妙見宮)이라고 도 부른다. 백제의 임성태자(琳聖太子)가 처음으로 일본에 묘겡신앙을 포교했다는 곳이다. 신체는 사인검(四寅劍)이다. 사인검이란 인년(寅 年)·인월(寅月)·인일(寅日)·인시(寅時)에 만든 도검을 말한다. 4인 이란 날짜와 시간을 맞추기란 어렵고, 인(寅)은 동물로 호랑이를 말하 며 호랑이는 백수(百獸)의 왕이기에 모든 것을 제압할 수 있는 힘이 있 으므로 사인을 맞추어 만든 검은 무적이라는 것이다. 사인검을 신체(神 體)로 삼은 이유는 사인검은 모든 재앙을 제압할 힘이 있으므로 제화초복을 바라는 마음에서 신격시하였으므로 신체로 삼았을 것이다.

규슈의 남쪽 끝 고꾸분시(國分市)에 한국우두봉신사(韓國宇豆峯神社)가 있다. 원래는 우사(宇佐)에 있었는데 흠명(欽明) 32년(571년)에 이곳에 옮겼다고 한다. 연희식(延喜式)에 이미 기록이 있는 것으로 보아 오랜 역사가 있는 고사(古社)이다. '우두봉'이란 우두봉(牛頭峯)으로 음이 같기 때문에 차용한 것이라 생각된다. 우두봉 즉 '소머리' '소시모리'는 일본신화에 자주 등장하고 있다.

미야자키현(宮崎縣) 난고손(南鄕村)에 백제의 정가왕(禎嘉王)과 그 일가족을 제사하는 시하스제(師走祭)란 큰 행사가 음력으로 매년 12월에 있다. 여기에 대해서는 '사주제'라는 항목에서 상세히 소개하기로 한다.

히오키군(日置郡) 나에시로가와(苗代川) 마을에는 임진왜란 때에 남원지방에서 끌려간 도공들의 집단 마을이 있다. 임진왜란이 도자기 전쟁이었다는 말이 있을 만큼 왜장들은 도공을 포로로 납치해 갔다. 남원 도공들에 의해서 만들어진 도자기는 사쓰마야끼(薩摩燒)의 원류가 되었다. 이 마을에는 대대로 전승된 마을 공동제로서 옥산궁제(玉山宮祭)라는 것이 전하는데, 이것은 한 마디로 고향에서 지내던 단군제를 이국에 가서도 잊지 않고 계승한 향토신제(鄕土神祭)이다. 이들이 제사 때에 부르는 축원문은 남원지방의 무가(巫歌)가 와전된 것이다

5. 산인(山陰)지방

일본 중국(中國) 지방의 동해 쪽을 산음(山陰)이라고 하고 '산인'이라
읽는다.

오우치씨(大內氏)의 조상은 백제국 임성태자(琳聖太子)인데, 이 임성
태자가 일본에 가서 처음에 다다라(多多良)란 성을 쌓았다. 임성태자가
수호하는 묘견보살(妙見菩薩)이 스이코(推古) 3년(595년)에 주방국(周
防國, 지금의 야마구치현)에 하강하고 나서 3년 뒤에 임성태자가 일본
에 갔다. 이러한 일로 해서 묘견보살은 그의 후손인 오우치씨의 가보로
전승되었다. 오우치씨 일족은 지금의 시마네현(島根縣) 오다시(大田市)
일대인 이시미국(石見國)의 수장으로서 그 일대를 지배했고, 일대의 은
·동의 광산을 개발하였으며, 주전소(鑄錢所)를 경영하는 등, 선진기술
의 보급에 공헌했다.

오다시의 인근에는 백제족과 관련 있는 지명들이 있다. 도하향(都賀
鄕)·도하본향(都賀本鄕)·도하서(都賀西) 등의 지명은 백제계 도하씨
에서 유래했는데, 도하씨는 아지사주(阿知使主)의 아들 도가(都加)에서
나왔다. 이 일대에 거주한 시왕씨(市往氏)·나카노씨(中野氏)도 백제족
의 후예로 알려져 있다. 오다시에 백제 관음사가 있다. 관음보살상이
유명한데 그 유래는 마을 어느 한 사람의 꿈에 '나는 멀리 백제국에서
왔는데 바다 속에 빠져 있다. 바라건대 나를 육지로 올려주면 중생을
구원하는데 크게 기여하리라'고 했다. 꿈에서 깨어나 바다에 가서 광채

가 찬란하게 빛나는 불상을 건져 모시게 되었다.

오다시의 바다에 면한 곳에 '백제'란 마을이 있다. 이시다씨(石田氏)가 대장간을 하던 곳이다. 지명이 백제인 것으로 보아 이시다씨는 백제계이거나 아니면 백제 사람들이 와서 대장간을 운영했던 곳이라 생각된다.

6. 산요(山陽)지방

일본 중국지방의 세토내해(瀨ㅋ內海) 쪽을 산양(山陽)이라 쓰고, 산요라고 부른다.

오카야마현(岡山縣) 쓰야마시(津山市)에 '백제'란 성씨가 살고 있는 것이 학계에 보고되어 있다. 즉 백제강(百濟 康)이란 전당포 주인은 백제 의자왕의 아들 선광(禪廣)의 손자인 경복(敬福)의 후예라고 한다. 원래는 대대로 주물업(鑄物業)을 했다고 한다. 이 일대는 금직업(錦織業, 비단을 짜는 직조업)도 번창했는데 모두 백제족의 후예들에 의해서 경영되었다고 전한다.

쓰야마시의 사라산(皿山)은 소리값이 같은 말 중에서 다른 한자를 써 사라산(佐良山)으로 달리 표기하고 있는데, 이것은 사라련(佐良連)이란 백제계 사람의 이름에서 유래했으며 성씨록에 의하면 백제인 구미도언(久米都彦)의 후예 가운데 사라련이 있으며 이곳에 있는 극락사(極樂寺)는 백제씨의 단가사찰이다.

오카야마시의 홍안사(紅岸寺)에 우희다능가(宇喜多能家)의 초상화가 있는데, 이 사람은 풍신수길 시대의 명장으로 5대로(大老) 중의 한 사람이다. 원래는 백제 사람으로 선조는 왕의 일족이었다. 배를 타고 고지마(兒島)에 표착했으며 처음에는 미야케씨(三宅氏)였으나 후에 우키다씨라는 성으로 바꿨다. 그의 손자가 오카야마성을 조성했다.

간사키군(神崎郡)에 다타리(多駝里)란 곳이 있는데, 3세기에 백제에서 건너온 사람들이 고향의 풍속에 따라 성을 쌓고 살던 곳이다. 읍보군(揖保郡)에는 백제국 신령명(神靈命)의 후손 의봉저수(衣縫猪手)와 백제인 다야가(多夜加)의 후손 한인도량(漢人刀良)이 살았던 곳이다.

옛 비젠(備前)·비쥬(備中) 지방은 도공(刀工)과 도요(陶窯)로 유명한데, 이 역시 백제인들에 의해서 이루어졌다. 이부(伊部)를 중심으로 도요가 발달하였는데 성씨록에 이부소(伊部造)는 백제인 내리사주(乃里使主)의 후손이라 하였으니 그 유명한 비젠야끼(備前燒)의 시조는 백제인이었다. 또 비전의 도공(刀工)은 선씨(船氏)에 의해서 발전·전수되었는데, 선씨는 백제 진사왕(辰斯王)의 왕자 진손왕(辰孫王)의 후예이다. 이 지방에서는 질이 좋은 철이 생산되었다. 선씨의 야금과 칼을 만드는 '제도(製刀) 기술'은 규슈의 후쿠오카(福岡) 지방의 야공 및 도공 기술에 영향을 주었다.

히메지시(姬路市)의 수원사(隨願寺)는 백제승 행기(行基)의 제자 덕도법사에 의해서 창건되었으며 덕도법사는 인근에 30사(寺)를 창건하는 왕성한 의욕을 보였다.

우시마도(牛窓)에는 임진왜란 이후 통신사가 왕래할 때에 남긴 도징오도리(唐人踊)란 춤이 전승되어 있다. 唐人(당인)을 일본 한자음으로 읽어서 '도징'이라고 부르지만 실제로는 옛 한국인을 뜻하는 '가라징'을 뜻하고 있으며 '한국인의 춤'이라는 의미이다. 통신사 일행 중에는 소동(小童)들이 수행했는데 그 어린 아이들에 의해서 전라도의 소동패 놀이와 경상도의 오광대놀이가 전파되었다.

오카야마(岡山) 지방에 전해으는 전설 가운데 다음과 같은 귀신퇴치 전설이 전하고 있다.

옛날 귀신성에 백제에서 왔다는 온라(溫羅)라는 무서운 귀신이 있었다. 키가 크고 이마에 혹이 달려있어 매우 무서운 모습이었다. 입으로 불을 토해서 산을 불태우고 여자를 납치하며 남의 재물을 빼앗아 갔다.

피해가 심하니 토벌하고자 사도장군이 내려와서 진을 치고 싸우게 되었다. 온라는 변화무쌍한 조화를 부렸으나 결국 격전 끝에 화살이 온라의 가슴에 맞아 때마침 홍수가 나서 강물에 떠내려갔다.

백제에서 무서운 귀신이 나타났으니 백제를 무섭게 인식한 것이라 생각된다.

구라시키시(倉敷市)의 아지향(阿知鄉)에는 아지신사가 있다. 아스카(飛鳥)의 어미아지신사(於美阿志神社)와 같이 아지사주(阿知使主)를 제신으로 삼고 있다. 오카야마현 읍구(邑久)의 아지신은 아지정(阿知町)

의 아지마 오륜탑과 같은 계열의 신이다. 아지신은 서쪽에서 많은 사람을 거느리고 바다를 건너왔다고 하는데 무나가타신앙(宗像信仰)과 밀접한 관계가 있으며 백제인의 집단이주와 관련이 있다.

대시향(大市鄕)의 유래는 백제계 대시씨가 살았던 데서 유래했다.

야마구치현(山口縣) 야나이시(柳井市)의 해변에 백제부(百濟部) 마을이 있고 여기에 백제부신사가 있다. 전설에 의하면 옛날 백제의 국사가 항해하다가 풍랑을 만나 이곳에 상륙해서 그대로 정착했다는 것이다.

시모마쓰시(下松市)에 묘겡궁(妙見宮)이 있는데, 이 궁 또한 백제왕자 임성태자(琳聖太子)가 창건한 곳이다. 북두칠성을 제신으로 삼고 있으며 일본 성제(星祭)의 시원이 된 곳이다.

보후시(防府市)에 '다다라'라는 지명이 있는데 임성태자의 후예인 다다라씨(多多良氏)가 거주한 데서 유래한 지명이다.

백제의 신(神)과 제의(祭儀)

1. 오야마쓰미신사(大山祇神社)

에히메현(愛暖縣) 오미시마(大三島)에 대산지신사(大山祇神社) 혹은 대산적신사(大山積神社)라 부르는 신사가 있는데 일본 음으로는 다같이 '오야마쓰미진쟈' 라 읽는다. 섬의 인구는 약 6,000명이고 면적은 4㎢로 섬 복판에 취두산(鷲頭山)이라는 437m의 높은 산이 있다. 배를 타고 가야 한다는 불편이 있으나 역사가 유구하고 옛 신사(神事)가 특이하다. 더구나 일본 국가지정 갑주(甲冑)의 8할이 이곳 보물관에 소장되어 있어서 유명하고 따라서 찾는 사람이 많다. 일본의 역사는 오랜 무사시대가 있었기에 무기류가 많은데, 변방의 한적한 한 섬에 일본 국보의 8할이나 되는 많은 양의 무구류(武具類)를 소장하고 있다는 것은 놀랄만한 일이고 이 신사의 역사적 배경을 짐작할 수 있다.

이곳에는 갑주·도검(刀劍) 외에 국보가 6점, 국가지정 중요문화재 19점, 현(縣)지정 문화재 8점이 있다. 국가지정문화재 중에는 신상(神

대삼도의 오야마쓰미신사

像) 21점, 개도(鎧兜) 149점이나 되어 일본의 고대 무기박물관이라 할수 있다. 무기류가 이처럼 많은 것은, 이곳에 기도하면 효험이 있어 전쟁에 승리한다는 믿음이 있었기 때문이다. 세토내해(瀨戶內海)를 항해하는 군선(軍船)이나 선박은 물론 전국 도처의 장군들이 거사에 앞서 무기를 헌납하였고 그래서 이곳에 무기가 많다.

일본의 신사에서는 여러 신을 함께 제사하고 있는 것이 상례인데 오야마쓰미신사의 주신은 오야마쓰미신 하나 뿐이다. 이 오야마쓰미신은 백제와 관련이 있다.

에히메현의 옛 지명은 이예국(伊豫國)인데 「이예국풍토기(伊豫國風土

산신산 정상의 오야마쓰미신사

記)」의 일문(逸文)에 의하면 어기(御嶋)에 있는 신의 이름은 오야마쓰미 신(大山積神)으로 일명 와다쓰대신(和多志大神)이다. 이 신은 인덕천황 (仁德天皇) 때(313~399)에 백제국에서 건너와 이곳 어기(御嶋)에 좌정 했다. 즉 원래는 백제의 신인데, 백제에서 일본에 건너와 여기 즉 대삼 도에 자리잡은 도래신(渡來神)이란 것이다. 와다루란 와다쓰미(渡津海) · 면진견(綿津見) · 화다지신(和多志神)으로도 표기하는데 일본어로 모 두 '와다쓰미'라 읽는다. 그 뜻은 일어 '와타루'에서 나온 말로 '건너 오다' 나아가서는 '바다를 건너오다'의 뜻이 있다. 따라서 오야마쓰미 신은 바다를 건너온 외래신이라는 것이다. 인덕천황 때라면 서기

313~400년 사이의 일이니 서기 284년에 백제의 왕인(王仁)박사와 아
직기(阿直岐)가 서적을 가지고 일본에 간 것을 생각하면 그보다 백년
후의 일이니 항로의 개설로 왕래가 가능했던 시기의 일이다.

　따라서 백제문화가 바다를 건너 일본에 전파되면서 민간신앙의 신이
일본에 전파되었을 가능성은 충분하다고 본다. 오야마쓰미신사에서 발
행한 '삼도대축가보자료(三島大祝家寶資料)'에 기록된 내용을 요약하
면 다음과 같다.

・신지지료(神祇志料) 오야마쓰미신사(大山積神社)

　　오야마쓰미신은 백제의 신으로 대산지신(大山祇神)과 같은 신이다.

・월지씨족 고증(越智氏族 考證)

　　재명기(齋明記)에 6년(660년) 9월에 백제에서 달솔 사미각종(沙彌覺從)
　　등을 보내어 신라가 당과 힘을 합해서 백제를 뒤집었다고 알려왔다.
　　10월에 백제의 좌평 귀지(貴智) 등이 와서 구원을 청했다. 재명왕은 월지
　　씨를 보내어 백제를 돕도록 하였으나 도리어 포로가 되어 당나라에 끌려
　　갔다.

・일본영이기(日本靈異記)

　　월지씨는 백제를 구하러 갔다가 포로가 되어 일행 8인과 함께 당으로 끌려
　　갔는데, 후에 배 안에 관음보살을 모시고 무사히 귀국했다.

　이상에서 보면 오야마쓰미신은 원래는 백제의 신이며 백제가 나당(羅

唐)의 연합군에 의해서 패망하자 일본에 구원을 요청했고 대삼도(大三島)의 호족 월지씨는 백제 구원에 나섰다가 포로가 되어 당나라로 끌려가는 불행이 있었다. 하지만 일행 8인이 배에다 관음보살상을 모시고 갔기 때문에 그 덕으로 무사히 귀국했다는 것이다.

「신찬성씨록」에 의하면 월지 씨는 이소노가미씨(石上氏)와 동조(同祖)이며 이소노가미조신은 신요속일명(神饒速日命)의 후손이라 하였다. 이소노가미씨는 중앙의 유력한 권력자로 모노베씨(物部氏)의 일족으로 야마토(大和) 일대에 본거를 두었다. 또한 칠지도(七枝刀)로 유명한 이소노가미신궁(石上神宮)을 관리했고 후에 이소노가미조신이라 했다.

오야마쓰미신사는 월지씨의 관할 안에 있어 두터운 신앙이 있었기 때문에 오야마쓰미신의 고향인 백제가 침공을 당하자 구원하고자 출병하는 적극성을 보였을 것이다.

일본의 신화에 의하면 오야마쓰미신은 이사나기노미고토(伊奘諾尊)의 아들이라고 하니 일본 제1대 천황인 진무천황(神武天皇)의 외조부이다. 그의 직능은 제화초복으로 재앙을 물리칠 뿐 아니라 전국의 모든 산을 관리하며, 바다를 건너 왔으니 해상교통의 신이고 술을 빚는 양조기술도 습득하고 있는 신으로 되어 있다.

오야마쓰미신사는 서쪽 바다를 향해 서 있다. 즉 고향 백제에서 오고, 고향으로 가는 길목을 바라다보는 격이다. 신사 제례 중 특이한 것은 5월 5일의 모심기(=모내기) 신제인 온다우에마쓰리(御田植祭)와 9월 9일의 호누끼마쓰리(拔穗祭) 때 혼자 하는 일본인 씨름이 있다.

온다우에 마쓰리와 같은 온다마쓰리가 나라(奈良)의 한 신사에서도 정월달에 있는데, 모두 모내기에서부터 벼를 수확하기까지의 과정을 연출한다. 온 땅에 풍요가 있기를 기원하는 축제라는 해석도 있다.

아울러 호누끼마쓰리의 '호누끼'는 한자어 발수(拔穗)의 의미 그대로 '이삭뽑기'이다. 그러니까 수확기를 맞아서 벼이삭이 잘 영글고 푸짐한 수확을 바라는 마음에서 함께 기원하는 축제가 마쓰리인데, 이 때 벌이는 씨름이 혼자서 하는 1인 씨름, 즉 1인무(一人舞)이다.

씨름이란 두 사람이 서로 힘과 기량을 겨루는 것으로, 한 사람이 등장해서 마치 두 사람이 하는 듯 시늉을 낸다. 이 씨름에서 가상적인 상대는 나락혼(稻魂)이고 씨름에서 승리하여 풍년을 기원하는 일본인 씨름으로 일본에서도 매우 희귀한 민속예능이다. 일본의 무형문화재로 지정되어 있다.

2. 구다라오신사(百濟王神社)

오사카부(大坂府) 히라가타시(枚方市)에 백제왕신사와 백제사의 유적이 있다. 백제사 유적은 매우 넓으며 바로 그 옆에 백제신사가 있어 같은 신역(神域)에 속해 있으므로 상호 밀접한 관련이 있었음을 알 수 있다. 구다라오신사의 정문이라 할 수 있는 도리이(鳥居)를 지나 신전에 이르는데 백제국왕(百濟國王)·우두천왕(牛頭天王)이라고 두 줄로 세워서 쓴 현판(懸板)이 걸려 있다. 즉 이곳에서는 백제국왕과 우두천왕의 두 신을 제신으로 하고 있음을 알 수 있다. 그러나 해석에 따라서는 백제국왕인 우두천황을 주신으로 삼고 있다고 할 수 있어서 백제왕과 우두천황을 동일시하는 것이란 해석도 가능하다.

일본에는 우두천왕에 대해 두 가지 해석이 있다. 첫째는 우두천왕은 스사노오노미고토(素盞鳴尊)라고 한다. 일본의 건국신화에 의하면 하늘에서 소시모리(曾尸茂梨)에 내려와 배를 만들어 타고 바다를 건너 일본에 왔다는 신이다. 성질이 마우 거칠고 자주 사고를 일으켜 태양신인 아마테라스오미가미(天照大神)의 노여움을 사서 암굴 안에 숨으니 천지가 암흑으로 변하는 일이 있었고, 아버지의 노여움을 사서 이즈모(出雲) 지방으로 추방되어 머리가 여덟 개나 되는 큰 뱀을 퇴치하는 등 무서운 힘을 가지고 있어서 863년 나라시대부터 재악과 질병의 근원을 축출하는 역제신(疫除神)으로 긴정받아 기온사(祇園社)의 신이 되었다고 한다.

둘째는 불교에 있어 약사여래(藥師如來)의 화신이라는 주장이다. 따라서 우두천왕은 두 가지 해석이 있어서 기온사에서는 우두천왕과 스사노오노미고토를 함께 제사하고 있다.

백제왕사에서의 우두천왕은 블교에 있어서의 석가여래의 화신으로서의 우두천왕이 아니라 스사노오노미고토인 우두천왕일 것으로 생각된다. 그러면 여기에서 문제가 되는 것은 백제왕과 스사노오노미고토를 왜 합사하고 있는가 하는 문제가 남는다.

더욱이 소시모리의 위치를 신라로 설정하는 경우가 많은데 일본어 소

백제국왕 우두천왕사

시모리는 한국말 소머리(牛頭)에서 유래했다는 것이 정설로 되어 있고 소머리산 즉 우두산(牛頭山)을 강원도 춘천 근처의 우두산이란 해석이 많은데, 한국에는 우두산이 여러 곳에 있는 것으로 보아 신라에 한정하지 않는 것이 좋으리라 생각된다. 따라서 백제왕신사의 우두천왕은 한국에서 건너간 외래신이란 해석이 가능하다. 즉 백제왕과 한국에서 도래한 우두신의 화신인 스사노오노미고토를 합사하게 된 것이라 본다.

백제왕신사는 당시 그 일대에 살던 백제족들의 조상을 제사하는 사당
이다. 히라가타의 옛 지명은 교야(交野)이다. 6세기경 백제인들이 이곳
에 정착하여 집단을 이루었고 8세기에 이곳에 본거를 둔 백제왕씨 중
에서 고관대작들이 많이 배출되고 황족과의 혼인이 많아서 귀족·거족
(巨族) 세도가들이 사는 곳이 되었다. 그래서 일왕이 이곳을 찾아오는
일이 잦았으니 다음과 같다.

연력(延曆) 2년(783년)　　　10월14~18일

　　　　　　　　　　　　환무천황(桓武天皇)이 교야에서 매사냥을 하고 그 해의

　　　　　　　　　　　　세금을 면제하고 백제사에 정세 1만속을 주었으며 백제

　　　　　　　　　　　　왕씨들에게 벼슬을 주었다.

동　　　4년(785년)　　　11월 10일 천신제를 올림

동　　　6년(787년)　　　10월 17일 매사냥을 하다. 백제왕씨 여러 기악을 연주하

　　　　　　　　　　　　다.

동　　　6년(787년)　　　11월 5일 교야에서 천신을 제사함

동　　　10년(791년)　　　10월 10~13일

　　　　　　　　　　　　매사냥. 백제왕 계승(繼繩)의 별장을 행궁으로 삼다. 계

　　　　　　　　　　　　승 백제왕씨를 거느리고 백제악을 연주함.

동　　　11년(792년)　　　9월 28일 사냥을 하다.

동　　　12년(793년)　　　5월 12일 전(錢) 30만과 벼 1,000속을 백제사에 하사.

연력(延曆) 12년(793년)　　11월 10일 사냥을 하다. 승계는 왕에게 습의(褶衣)를 헌
　　　　　　　　　　　　상하다.

동　　　13년(794년)　　9월 22일 사냥을 하다

동　　　13년(793년)　　10월 13일 사냥을 하다. 백제왕씨에게 선물을 하사.

동　　　14년(794년)　　3월 27일 사냥을 하다.

동　　　14년(794년)　　10월16~22일 계승의 별장을 행궁을 삼다.

동　　　18년(798년)　　2월 8일 나들이하다.

동　　　18년(798년)　　10월 9일 사냥을 하다.

동　　　19년(799년)　　10월 17~25일 나들이하다.

동　　　21년(801년)　　10월 9~15일 나들이하다.

이상과 같이 환무천황 재위 20년 사이에 13차례나 백제신사 근처에
나들이를 했고 한번에 9일 동안이나 체류하는 일이 있었으니 주로 백
제에서 전파한 매사냥을 즐겼다. 또한 하늘을 제사하는 제천의식을 올
렸고, 때로는 백제의 춤과 음악을 감상하였다. 당시로서는 외국의 음악
이 신기하여 심취하였던 것으로 이해된다.

다음 대인 차아천황 때에도 12회나 나들이했고 사냥을 즐겼다. 환무
천황은 처가 마을에 간 셈이고 차아(嵯峨)천황으로서는 외가 마을에 나
들이한 셈이다. 이와 같은 일은 천황가와 백제왕씨가 외척으로서 서로
깊은 유대가 있었다는 것이며 그곳에 백제신사와 백제사가 있는 것은
이해된다.

백제왕신사

백제왕 삼송씨(三松氏) 계보의 경복(敬福)편 주(註)에 의하면 원래는 선사(船史)씨의 선조인 왕진이(王辰爾)의 구관이 있었는데 경복이 교야(交野)에 살았다고 하였다.

백제왕령사묘유서(百濟王靈祠廟由緖)에 의하면 천평(天平) 9년(737년)에 백제왕 남전(南典)이 죽어서 왕이 공손히 백제왕 사묘와 백제 불찰(佛刹)을 지어 백제 여러 명사의 영을 안치했다고 하였다. 따라서 이곳은 백제족의 여러 선인을 제사하는 씨족의 사당이었다. 경복은 남전의 조카로 권세가 당당했고 백제왕씨의 중시조와 같으니 백제사·백제신사의 창건에 관여했을 것으로 추측이 된다.

백제사의 규모는 사방 160m 정도로 매우 광대해서 그 초석이 70개였는데, 현재 남아 있는 것만도 56개나 된다. 초석 중에 큰 것은 4척이고 작은 것도 2척이 넘는다. 남문에서 들어가 중문을 거치면 좌우에 동·서의 탑이 있었고 금당·강당·식당이 일직선에 놓여 있다. 일본 정부에서 특별사적으로 지정해 놓았으며 1965년 국가 보조사업으로 발굴과 공원화 작업이 있다. 현재는 '백제사적공원'이라 부르고 있다.

백제왕씨 풍준(豊俊)은 나중에 삼송(三松)으로 성을 바꿔 삼송씨가 되었다.

3. 기시쓰신사(鬼室神社)

1) 백제인들의 정착과 귀실집사(鬼室集斯)

시가현(滋賀縣) 가모군(蒲生郡) 히노쵸(日野町) 소야(小野) 마을 숲속에 귀실신사(鬼室神社)란 자그마한 신사가 있다. 이곳은 백제인 귀실집사를 주신으로 모시고 제사하는 신사이다. 용왕산(龍王山) 아래 이 일대에는 조선방산(朝鮮坊山)·졸도파(卒都婆)·집사전(集斯田) 등의 지명이 있어 한국과 관련이 있음을 풍기고 있다.

용왕산은 높이가 826m이고 신앙의 명산이다. 한발이 심하면 사람들은 용왕산에서 기우제(祈雨祭)를 지낸다. 이 일대가 농경지대여서 가뭄이 들면 기우제를 지내고 비 내리기를 갈망했다. 산 이름을 용왕이라한 것은 농경민족의 발상이다. 이 근처에서 큰 신사로 이즈모계(出雲

포생의 귀실집사신사

系)의 와다무키신사(綿向神社)가 있지만 기우제만은 용왕산에서 지내고 있다.

서기 660년 백제가 나당(羅唐)의 연합군에 의해서 패망한 후 이 근처에는 많은 백제인들이 집단거주 하였으니 다음과 같다.

· 천지 4년(665년) 봄에 이웃인 간사키군(神前郡)에 백제인 남녀 400여인이 정착하였으며

· 천지 8년(669년)에 좌평(佐平) 귀실집사 등 남녀 700여 인이 가모군에 옮겨왔다.

간사키군(神前郡 혹은 神埼郡)과 가모군은 바로 이웃에 인접해 있으며 귀실신사는 가모군에 위치한다. 그런 까닭에 귀실신사의 인근에 5년 사이에 백제인 1,100여명의 남녀가 정착하였으니 당시의 인구비례로 보아 대집단을 이루었을 것으로 생각된다.

이 집단은 백제의 왕족·귀족·호족·문인·승려·기술자 등 다양한 계층이었다. 이로 보아도 당시 일본에 다양한 사람들이 망명해 왔음을 알 수 있다. 일본서기 천지 10년(671년) 춘정월 신해(辛亥)조에 의하면 다음과 같다.

좌평 여자신(佐平 余自信), 사택소명(沙宅紹明)에게 대금하(大錦下)의 벼슬을 내리고, 귀실집사(鬼室集斯)에게는 소금하 학두직(學職頭)의 벼슬을 내렸다.

병술(兵術)에 자세한 달솔(達率), 곡나진수(谷那晋首), 목소귀자(木素貴子), 억례복류(憶禮福留), 답본춘초(答紬春初)와 약에 정통한 귀실집신(鬼室集信), 본일비자찬파라금라금수(紬日比子贊波羅金羅金須)에 게는 대산하(大山下)의 벼슬을 내렸다. 약에 자세한 달솔 덕정상(德頂上), 길대상(吉大尙), 오경(五經)에 밝은 허솔모(許率牟), 음양에 밝은 각복모(角福牟)에게는 소산상(小山上)의 벼슬을 내렸다. 이 외의 달솔 50여 인에게도 소산하(小山下)를 내렸으니 백제에서 건너간 사람들의 학문과 경륜과 기술을 높이 사서 백제에서의 지위를 감안해서 벼슬을 서수하였다. 전관 대접을 하고 일본정부에 참여케 하므로 사회발전에 활용하였음을 알 수 있다. 백제인들은 대륙의 선진 지식과 기술을 갖고 있어서 상류층을 형성하였으며 지도적 위치에 오르게 되었다.

　귀실신사의 제신이 된 귀실집사는 천지 10년(671년) 1월에 학직두(學職頭)가 되었다. 학직두란 학식이 가장 높은 사람을 말하니, 지금으로 말하면 교육부 장관이나 대학 총장에 해당하는 존경을 받는 학문의 우두머리란 뜻이다.

　귀실집사는 백제의 좌평 복신(福信)의 아들이라고 전하며 복신은 백제 무왕의 종제(사촌동생)로 일본에 있다가 백제가 위태롭게 되자 귀국하여 백제 부흥을 위해서 도침(道琛)대사와 함께 싸웠지만 나중에 서로 오해로 갈등을 일으키는 불행이 있었다. 두 장군은 조국의 부흥을 갈망하는 뜻은 이루지 못하였으나 복신장군은 도침대사와 함께 부여군(扶餘郡) 은산(恩山)의 별신당의 제신이 되었다. 은산에서는 백제부흥에 헌신한 두 분을 사당에 모시고 제사를 올리고 있으니, 이것이 바로 은산별신제(恩山別神祭)이다. 현재 은산별신제는 무형문화재 제9호로 지정되어 전승되고 있다.

　귀실신사는 옛날에는 서궁(西宮) 또는 서궁신사(西宮神社)·부동명왕당(不動明王堂)이라 부른 일도 있는데 1955년에 귀실신사로 개칭했다. 그 이유는 신사의 뒤에 주조(朱鳥) 원년(686년) '귀실집사묘(鬼室集斯墓)'란 석비(石碑)가 있어 이것을 근거로 해서 귀실신사가 되었다. 비석 측면에는 주조 3년(688년) 11월 8일 몰(歿)이라는 각자(刻字)가 있어 사망한 날짜까지 정확히 기록되어 있다. 그래서 귀실신사의 제사는 매년 11월 8일에 거행하고 있다.

신(神)

<table>
<tr><td colspan="3">

다시마(昆布)　　술(酒)　　생선(魚)

소금물(鹽水)　　토란(芋) 채(采)　　사과

</td></tr>
<tr><td colspan="3">

우지코(氏子)　다마쿠시(玉串) 궁사(宮司)

우지코(氏子)　　　　　　무녀(巫女)

우지코(氏子)　　　　　　네기(禰宜)

우지코(氏子)　　　　　우지코(氏子)

북(鼓)

- -

다마쿠시(玉串)

o 물 끓는 솥(湯釜)

o 조릿대(笹)

</td></tr>
<tr><td colspan="3">

1　촌민일동(村 民 一 同)

</td></tr>
</table>

o 기념식수(紀念植樹)

o 세수대(洗手臺)

2) 기시쓰신사의 제의(祭儀)

1991년 11월 8일에 제사에 참여해서 조사한 바, 귀실신사의 제의는 다음과 같은 순서를 진행되었다.

제삿날 아침 9시에 귀실신사에서 용왕산 쪽으로 1㎞ 쯤 떨어진 곳에 있는 천신신사(天神神社)에 가서 먼저 제사를 지내는데 제사를 집행하는 간누시(神主)인 궁사(宮司)를 비롯하여 무녀와 단골신자인 우지코(氏子) 5명이 참례한다.

궁사는 의례용 신관복을 입고 관모를 쓰고 맨 앞에 서며, 무녀는 백의홍상(白衣紅裳)을 입고 손에는 방울, 즉 신령(神鈴)을 들고 우지코들은 화복(和服)을 입고 뒤따른다.

숲이 울창한 천신신사에 도착하면 궁사가 축문을 읽고 이박삼배(二拍三拜, 손뼉을 두 번 치고 절을 세 번 하는 것)를 하면 일동은 따라서 절을 하는 것으로 제의는 간단하게 끝나고 신사 앞의 좁은 공간에서 무녀의 가구라(神樂)가 있다.

무녀는 오른손에 신령을 들고 왼손에는 부채를 들고 반주도 없고 말도 없이 무반주 무언의 춤을 춘다. 울창한 산사의 고요함 속에 무녀가 흔드는 방울소리가 그윽하게 울려 신비함을 느끼게 한다. 이러한 오신무(娛神舞)는 오랫동안 전승된 신의(神儀)이다. 이 때 우리의 무당굿이 연상되며 오신무를 담당한 무녀는 어머니에서 딸로 계승되는 세습무를 선보이는 것이다. 이들 무녀 역시 백제유민들이 거주하던 하라(原) 마을 출신으로 백제 후손일 가능성이 많았다.

17대 세습무녀

천신신사의 제의를 마치고 산에서 내려와 10시에 귀실신사에 도착했다. 귀실신사는 도로에서 약 50미터쯤 떨어져 있고 주변에는 큰 나무들이 숲을 이루고 있으며 사전(社殿)은 용왕산을 향하고 있다. 입구에 '귀실신사'란 돌비석이 세워있고 봉납귀실신사(奉納鬼室神社)라고 쓴 큰 기가 세워있는데 '일야조선인 일동(日野朝鮮人一同)'이라고 써있는 것으로 보아 현지의 교포들이 기증하였음을 알 수 있었다.

또 경내(境內)에는 부여군 은산면(恩山面)과 자매결연을 맺고 심은 기념식수(紀念植樹)와 무궁화가 있다. 은산과 자매결연한 것은 앞서 언급하였거니와 귀실신사의 제신 귀실집사의 아버지인 복신장군의 사당이 은산에 있어 은산별신제로 계승되고 있기 때문에 아버지마을과 아들마을이 결연을 맺고 있는 셈이다.

제사는 사전과 뜰에서 거행된다. 신전(神殿) 안에 제물을 차리고 양쪽에 궁사·무녀·네기(彌宜)와 같은 신을 모시는 우지코(氏子)와 대표가 앉고 마루는 무녀가 춤추는 공간이다. 신전 계단 앞에는 신에 올릴 다마쿠시(玉串, 즉 비쭈기나무)가 놓여있고 뜰에는 무당 의식인 유다데신지(湯神事)에 사용하는 큰 솥이 걸려있다. 그리고 뜰 주변에는 마을 사람들과 외부에서 온 참관인 일동이 서게 된다. 이상을 도시하면 다음과 같다.

제물은 모두 생것을 쓴다. 생선은 물론 채소도 모두 날 것이어야 하며 익힌 것은 쓰지 않는다. 그리고 생선은 동두서미(東頭西尾)를 지키고 있으며 진설이 끝나고 일동이 자리잡아 앉으면 제의가 진행된다. 먼저 궁사가 홀(笏)을 두 손으로 받들어 들고 제상 앞에 나가 손뼉을 두 번 치고 세 번 절하는 이박삼배를 하고 노리도(祝文, 축문)를 낭송한다.

궁사는 백지로 만든 어폐(御幣)를 좌우로 세 번 내두르고 뒤로 돌아서서 촌민 일동을 향해서 역시 어폐를 세 번 내두르는데 이러한 동작은 부정을 씻어내고 정화하는 뜻을 갖고 있다. 궁사는 다시 정면을 향해서 이박삼배하고 귀실집사에 관한 축문을 읽고 다마쿠시(玉串)를 신상(神

귀실집사의 묘비

床)에 올린 다음 다시 이박삼배를 한다. 백의홍상(白衣紅裳)을 입은 무녀가 앞에 나와 궁사 다음 가는 신직자(神職者)인 미의(彌宜)와 우지코 대표에게 다마쿠시를 나누어 주면 차례로 나아가 신상에 놓고 이박삼배를 한다.

신전 안에서의 제의가 끝나고 나면 무녀는 내려와서 물이 펄펄 끓는 솥 옆으로 간다. 제사가 진행되는 동안 계속해서 불을 때서 물을 끓이는데 유다테신지(湯立神事)를 준비하는 것이다. 무녀가 내려오면 고수 남자가 북을 쳐서 반주를 한다.

무녀는 오른손에 방울을 들고 왼손에는 길이 1m쯤 되는 가느다란 대

귀실신사의 궁사와 무녀

나무에 백지를 단 어폐를 손에 들고 솥 주변을 돌면서 춤을 춘다. 좌우로 몇 번 돌다가 어폐로 솥 안의 뜨거운 물을 좌우로 몇 번 휘젓는데, 이렇게 하면 어폐의 백지는 녹아 없어지고 대나무만 남는다. 그런 다음무녀는 접시에 담겨 있는 쌀을 손으로 집어 세 번 가마솥에 넣고 술을세 번 붓는다. 옆에 미리 마련해 놓은 조릿대다발 두 개를 좌우 손에 하나씩 쥐고 솥 안의 뜨거운 물을 좌우로 몇 번 휘 저은 다음 좌로 세 번,우로 세 번을 뿌린다.

　무녀(巫女)는 상의인 백의를 벗고 소매를 걷어올린 다음, 조릿대로 뜨거운 물을 좌로 세 번 우로 세 번 뿌린다. 이 때에 구경하던 촌민들은

무의용의 조릿대

화상을 입지 않으려고 뒤로 물러선다. 이렇게 뜨거운 물을 좌우에 뿌리는 것은 사방을 정화하고 부정을 씻기 위해서 하는 것이다.

유다테 의식이 끝나면 반주 음악도 그친다. 무녀는 흰옷을 다시 입고 신전 안으로 올라가서 가구라춤(神樂舞)을 약 7분 정도 춘다. 여유 있고 의젓한 춤이다. 구경하던 마을 부인들이 흰 종이로 싼 것을 마루 위에 놓거나 던지는데, 이것은 무녀에 대한 시줏돈이다. 시줏돈은 약 천 원 정도라 하며 사람들이 시줏돈을 내놓으면 무녀는 답례로 한 번 더 춤을 춘다고 한다.

제의가 끝나면 나오라이(飮福)가 있다. 제물을 내리고 미리 장만한 안

주로 술을 마시는데 서로 담소하고 화기애애한 분위기이다.

무녀복의 백의홍상은 우리 궁중 나례의식(儺禮儀式) 때의 진자(侲子)와 같은 모습이고 신령(神鈴, 방울)은 상하의 2단으로 되어 있는데, 위에는 방울이 4개 달려 있고, 아래는 8개가 달려 있어 모두 12개로 되어 있다. 8수는 4통 8달을 의미하며 12수는 1년을 상징하는 것으로 우리나라의 무속신앙에서도 볼 수 있다.

무녀가 춤추는 동작은 반드시 왼발이 먼저이고 뒤로 후퇴할 때에는 바른발이 먼저이다. 무녀의 가계(家系)는 대대로 세습하므로 그들이 추는 춤 또한 세습무이다. 660년대에 백제인들이 집단으로 거주했던 지역이라는 점으로 보아 백제의 무녀에 의해서 전파된 무의(巫儀)가 이곳에 아직도 전승되어 고색창연하게 원형을 유지하고 있을 가능성이 있어 주목된다.

3) 기시쓰신사의 관리

귀실신사를 관리하고 제의를 주관하는 주체가 있으니 이곳에서는 무로도가부(室徒株)라 부른다. 일본에서는 씨족 또는 마을 집단의 수호신이며 제화초복을 담당하며 신을 모시는 신사가 있다. 그리고 신전 경내와 주변의 정화를 담당하며 제의를 집행하는 조직이 있으니 이것을 미야자(宮座)라 한다. 미야자는 제의집단으로 평안(平安)시대에 이미 있었고 일본 고대문화의 발상지라고 할 수 있는 교토와 나라를 중심으로 긴끼(近畿)지방에 많다. 시골의 미야자는 마을 사람으로 구성된 좌중

(座衆) 속에서 사제자(司祭者)를 뽑았는데, 신사의 궁사가 직업적인 신관으로 등장하게 되면서 제의는 신관에게 맡기고 경비조달이라든가 제반 운영을 담당하는 경우가 많아졌다.

미야자의 구성원이 되려면 지역에 따라 여러 가지 조건이 있다. 그곳에 오래 살아온 원주민에 한해서 특권이 있고 새로 마을에 이사 온 사람은 배척되거나 또는 일정한 절차를 거쳐서 회원이 된다. 즉 신래자(新來者, 새로 이사 온 이)는 배척되고 원주민만이 제의에 참여할 수 있는 특권이 인정되는 배타적인 경우이다. 그러나 근래에는 도시집중과 이농현상으로 농촌의 인구가 줄어 미야자의 운영이 어렵게 되자 신래자도 쉽게 동참이 허용되어 사제집단에 참여할 수 있게 하고 있다. 미야자의 일원이 되면 경비도 부담해야 하고, 관리 운영에 참여해서 제의권(祭儀權)을 갖기 때문에 신의 가호를 받을 수 있지만 제의에 참여하지 못하는 사람들은 신의 가호를 받을 수가 없었으니 고대사회에 있어서는 생명의 보호와 생활의 안정을 위해서 꼭 사제집단의 일원이 되어야 했다. 또 미야자의 일원이 되어서 마을집단에 있어 협동과 일에 참여할 수가 있었으니 모두 미야자에 참여를 희망했다. 즉 신사제의에 참여권을 얻고자 한 것이다.

새로 이사 온 신래자가 미야자에 참여하려면 기존 조직의 동의가 있어야 하며 경우에 따라서는 일정한 절차가 필요하다. 회원이 많아야 운영이 쉽고 시줏돈이 많이 들어와서 관리나 제의 운영에 도움이 되기 때문에 환영하는 경우도 있다. 또한 시대의 변화로 미야자의 운영도 변화하게 되었다.

귀실신사의 미야자인 무로도가부는 현재는 34호(戶)이다. 물론 제사 때에는 인근 사람들이 많이 참여하지만 무로도에 의해서 신사가 유지, 경영되고 제의가 집행되고 있다. 30년 전에 무로도의 필두에 있었고 지금도 무로도의 한 사람인 쓰지구이찌로(辻久一郎)옹은 귀실집사의 후손이라고 하며 고문서를 많이 보관하고 있다. 그의 가계(家系)는 다음과 같다.

- 가계 : 종원(宗圓)--종운(宗雲)--청종(淸宗)--만치(萬治)--구태랑(久太郎)-- 구일랑(久一郎)
- 귀실집사의 후손으로 무로도의 필두주사(筆頭 株司)이다. 대대로 쇼야(庄屋) 일을 맡아서 했고, 향사로서 대도(帶刀, 칼을 차는)하는 가문이다.
- 혜계방(惠契坊) 연보(延寶) 7년 기미년(己未年)

이상의 기록에 의하면 일본어는 족보가 없는데 쓰지가(辻家)에는 현재의 구일랑에서 6대의 가계기록이 있고 연보 7년은 서기 1679년이니 330년간의 계보가 밝혀져 있는 셈이다. 따라서 쓰지씨는 330년 전부터 무로도의 필두로 봉사하고 있는 양반집 가문임을 알 수 있다.

새해가 되면 일년 동안 신사의 일을 담당하는 사모리(社守)를 선출한다. 사모리는 결혼한 성인 중에서 나이 순으로 선출한다. 사므리로 선출된 사람은 정월 3일에 마을 우물에 가서 목욕재계를 한다. 심신의 정화로 부정함이 없게 하기 위해서이다. 임기 중에는 늘 근신해야 하고 네발 동물의 고기를 먹어서는 안되며 사람이 죽는 불상사가 있으면 한 해를 더해야 한다. 이 마을에는 1906년에 기록한 무로도주 규칙이 있으니 다음과 같다.

1906년 7월 15일에 오아사 고야(大字 小野)에 있어서의 제전 및 기타의 여러 가지 일에 관한 집행방법을 개혁하고 협의하여 여기에 새 조직을 성립시킨다. 그 방법은 다음과 같다.

① 일자 일치 협의하여 새 조직을 성립하여 무로도가부와 히라가부(平株)의 구분을 하지 않는다. 쌍방 합의하여 모든 일을 집행하면 뒤에 들어온 사람은 결코 구가부 내(舊株內)에 있어서의 권리를 다투지 않음은 물론, 이의를 하지 않는다.
　　회의에서 최상석을 묻지 않으며 지난 일로 서로 교언(矯言)을 하지 않는다. 만일 위와 같은 거동이 있을 때에는 그에 상당한 조치가 있다.

② 산에 있어서의 제의는 매년 1월 3일로 하고 제주(祭主)집에서 제사하고 자며, 각 자 곡식 5승(升)씩 갹출하여 국을 끓여 연회를 베푼다.

③ 제사를 받드는 제주의 나이는 40세로 제한하고 나이가 많은 순서로 4명을 선출 하여 제사를 올리며 12월 21일부터 다음 해의 12월 20일까지 제주 역을 맡는다. 단 4인의 임무가 끝나면 다음 연장자 순으로 4인을 후임자를 선출한다.

④ 제주받이 의례는 4인을 한 조(組)로 하여 정각 12시에 모여 각 호 마다 한 사람씩
   초대한다. 단, 향연은 절약 검소할 것을 지키며 3종의 생선과 초밥, 두부국, 오챠
   쓰게(茶漬) 등에 한하며 국과 술은 뜻에 따라 한다.

⑤ 제주 역의 인계는 매년 12월 21일로 하고 4인의 조합에서 한다. 4명의 임무가 끝
   났을 때에는 초년에 한해서 먼저 제주 1인을 남겨둔다. 단, 향연은 제례에 따라
   집행한다.

⑥ 제주는 의례 때에 심부름꾼으로 조수 1인씩으로 한다.

⑦ 우지가미(氏神) 제전의식은 일체 마을 모두 평등하게 행한다.

  이상의 규정은 대체로 우리의 동제(洞祭) 때의 격식과 비슷하면서 제
주(祭主)의 숫자가 우리와 다르다. 우리나라에서는 무언의 법칙이 있어
그대로 준수하고 있으나 일본에서는 꼬박꼬박 성문화하고 있다.
  귀실신사는 현지인들에 의해서 제사되고 있기 때문에 그의 학덕을 우
러러 계승하고 있을 뿐 아니라 여러 문사(文士)·묵객(墨客)들이 찾아
와서 많은 시문(詩文)을 남기고 있다.
  오노 마을에는 연중행사의 하나로 돈도제라는 마을 제사가 있는데 정
초에 소년들이 마을 뒤의 산에다 우리의 게막 같은 집을 짓고 모여 놀
다가 불을 놓아 태우는데 우리의 동화제(洞火祭), 즉 달집태우기와 같

다. 이렇게 하면 아이들이 일년 동안 건강하고 마을도 재화 없이 태평하다는 것이다. 우리나라에서도 동화제는 부여 인근의 세시풍속으로 전승되고 있다.

4. 시하스마쓰리(師走祭)

1) 난고손(南鄕村)과 백제왕(百濟王) 전설

일본 미야자끼껭(宮崎縣) 히가시우스기군(東臼杆郡) 난고손(南鄕村)의 미카도진쟈(神門神社)에서 매년 음력 12월 20일을 전후해서 시하스마쓰리라는 향토신제가 전승되고 있다.

난고손은 교통이 불편한 오지에 있다. 규슈의 동쪽 해안을 달리는 일풍선(日豊線)을 타고 휴가역(日向驛)에서 내려 버스를 다시 갈아타고 서쪽 계곡을 60분쯤 달리면 난고손에 도착한다. 깊은 산촌이기에 산수가 자명해서 경치가 아름다운 곳이다.

난고손의 인구는 약 3천 명인데 한 때 많을 때에는 7천에 이르렀으나, 기업체나 생산시설이 없으니 취직할 곳이 없어 젊은이들이 도시로 빠져나가 한촌이 되었다. 이러한 현상은 금후에도 계속될 것으로 예측된다. 생업이라고 해야 골짜기에 좁은 논과 밭이 있는 정도라 식량이 부족하다. 산이 많아 임업도 있고 산채도 많고 산에 야생 사슴이 있어 산채요리와 사슴 사시미는 유명한 향토요리로 잘 알려져 있다.

미카도는 난고손의 중심지로 촌 사무소와 우체국 · 농협 · 중학교 · 소

미카도신사 도리이 앞 행렬

학교가 있고 여관 · 다방 · 주유소 등의 상점도 있다. 이곳 미카도 복판에 수목이 울창한 언덕이 있으니 미카도신사가 자리잡고 있다. 5백년이 넘었다는 거목들은 마을의 역사를 말해주고 있다.

미카도신사에서는 매년 음력 12월 20일을 전후해서 시하스마쓰리라는 향토신제가 있는데 시하스란 12월의 별칭이고 12월에 제의를 올리기에 시하스마쓰리라 부르게 되었다. 이 시하스마쓰리에 대하여 백제와 관계되는 다음과 같은 전설이 전하고 있다.

옛날 백제가 멸망할 때에 왕족과 문무백관 및 많은 백성들이 바다를 건너 일본에 망

정가왕 묘제

명했다. 기내(畿內)에 정착한 백제의 왕족과 그 일행이 난리를 피하여 다시 배를 타고 아기(安藝)와 북규슈(北九州)를 거쳐 항해하다가 풍랑을 만나 휴가국(日向國) 가네가하마(金浜)와 가구치우라(蚊口浦)에 나누어 표착했다.

가네가하마에는 정가왕(禎嘉王)과 그 둘째 아들인 화지왕(華智王), 유모, 여관, 하인 등 10여 명이었고, 가구치우라에는 장남인 복지왕(福智王)과 그의 비(妃), 왕후 일행이 표착했다.

가네가하마에 표착한 정가왕은 정착할 터를 잡기 위해서 점을 쳤더니 이곳에서 서쪽으로 78리(지금의 13리 즉 현재 우리의 130리에 해당) 거리에 있는 오지가 좋다는 점괘를 얻어 난고손 미카도에 정착하게 되었다. 휴가에서 미카도로 가는 도중에 한

정가왕비의 비석

여관(女官)이 출산을 하게 되었는데, 그 때 주민들이 따뜻한 마음으로 맞아 아이를 낳을 수 있었다고 해서 이곳의 지명을 오로시고(卸兒), 출산 후에 물을 티워서 쓴 곳이라 해서 우부노(産野)라는 지명이 지금도 남아있다. 왕비는 다카나베죠(高鍋町)의 해변에 있는 오도시신사(大歳 도는 大年神社)의 신이 되었다.

가구치우라에 상륙한 복지왕은 공을 던져서 길지(吉地)를 점치기로 했다. 공을 힘차게 던졌더니 히끼(比木)까지 굴러가서 멈추었다. 그래서 이곳을 택지로 정하고 살았다. 일행은 잠시 안정된 생활을 했으나 뒤를 따라온 적군에 의해서 미키-도에 있음이 발각되어 공격받았다. 부왕이 위기에 처해 있음을 알게 된 복지왕은 군사를 거느리고 미카도로 달려와서 합세했다. 그 때 정가왕을 따르는 호족이 군량을 지원해 주어서 적을 물리칠 수가 있었다. 호족의 이름은 돈타로(鈍太郞)이며 그의 무덤이 미카도신사 뒷산에 있다.

정가왕과 공격군과의 격전이 이사카(伊佐賀) 고개에서 있었는데, 둘째 왕자 화지왕은 전사하고 정가왕도 화살을 맞아 사망하여 미카도신사의 주신이 되었다. 그의 무덤이 있는 곳을 쓰카하라(塚原)라고 하며 시하스마쓰리 때에는 이곳을 지나면서 제를 올리고 있다.

왕의 시종으로 여관(女官) 10여명이 있었는데, 왕이 죽자 스스로 목숨을 끊어 흰옷을 선혈로 물들였다. 그 충렬이 높이 평가되어 왕의 옆에 묻었다.

백제 왕족은 의술과 건축기술, 농업기술은 물론 불교, 천문에 뛰어났으며 고상한 인격과 넓은 식견은 사람들의 존경을 받았다.

이상은 난고손에서 발간한 「백제전설, 미카도 이야기」에 수록된 것과 현지에 전하는 이야기를 요약한 것이다.

문헌상으로 백제에 정가왕이라는 왕은 없었고 더욱이 복지왕이나 화지왕의 이름은 보이지 않는다. 백제왕이 미카도에 피난 간 일도 없다. 따라서 실존이 아닌 전설인데, 이 일대에는 정가왕과 관계되는 전설이 여러 곳에 분포되어 있다. 또 그 증거로 지명과 전설이 전승되고 있어서 국왕은 아닐지라도 백제의 왕족이나 고관이 피난했을 가능성은 있고 이것이 확대되어 과장된 전설로 남아있을 가능성은 있다.

660년 백제가 나당의 연합군에 의해서 패망하자 많은 백제의 사람들이 일본에 피난을 갔고 제일 가까운 규슈지방에 정착했을 가능성이 있다. 전설 대로라면 중앙에서 난을 피해서 아기(安藝)와 북규슈를 거쳐서 왔다는 것으로 보아 이미 이 시기에 백제계와 신라계 사이의 충돌이나 불화가 있었음을 알 수 있다. 당시 일본의 정치적 중심지는 긴끼지방이었으며 7~8세기에는 일본조정에서 백제인들의 진출이 현저했으나 9세기 무렵부터는 신라계의 진출이 많아서 갈등이 있었음을 짐작할 수 있다. 이러한 권력다툼의 와중에 적으로 몰려 백제왕족의 후예나 고관이 미카도에 낙향하는 일도 있었을 것이니 그러한 정치적 사건을 배경으로 해서 형성된 전설일 수드 있다.

또 백제에서 일본에 피난 온 왕족 선광(善光)에게 백제왕씨의 성을 주어 대접을 했고 그의 후손들이 크게 번성하여 고관대작을 배출했으며 황족과 혼인하여 왕자 왕녀를 생산하여 크게 영화를 누렸으니 그 중의 누군가가 전란을 피해서 미카도로 피난했을 가능성도 있다. 전설은 아주 허무맹랑한 것은 아니라 역사를 배경으로 하여 성립하며, 때로는 역사를 보완해 주는 기능도 가지고 있으니 정가왕 전설도 역사의 테두리 안에서 이해되어야 할 것이다.

미카도는 고대사에 있어 상당한 증거물을 가지고 있다. 미카도신사는 미야자키현에서 두 번째 가는 그건축물이란 점으로 보아 오랜 역사가 있는 신사이고 창고에는 백제에서 전래되었다고 전하는 대륙계 유물들이 36점이나 소장되어 있다. 거울 33점과 마탁(馬鐸)·마령(馬鈴)·수

혜기(須惠器)가 각 1점씩으로, 이들 모두 36점의 유물이 전해지고 있다. 시골 벽촌에 이처럼 많은 유물이 있다는 것이 신기하고 또 유물 중에는 일본의 고대 유물관인 정창원(正倉院)이나 동대사(東大寺)에 소장되어 있는 국보급 보물과 같은 시대의 유물들이 있어 일본 고대사에 있어 미카도의 존재가 재평가되어야 할 상황에 있다. 미카도에서는 스스로 '서쪽의 정창원'임을 내세우고 새로 지은 유물고를 '서정창원'이라 부르고 있다.

중앙과는 동떨어진 벽촌으로 명치시대 초기까지는 험준한 산길밖에 없었던 산골 마을에 이처럼 많은 보물이 있는 것은 앞서의 정가왕 전설과 관련이 있는 것으로 생각된다. 즉 이만한 보물을 가지고 있는 주인공은 여간 높은 벼슬아치가 아니고서는 불가능한 일이다. 백제왕족의 후예라면 대륙에서 제작한 보물을 가지고 왔을 만하며 나라가 망해서 피난길을 떠날 적에 소유하고 있던 유물을 가지고 왔을 것으로 본다. 따라서 백제왕의 전설과 유물은 필연적인 관련이 있을 것이다.

전설은 흔히 사건을 강조하고 듣는 사람의 흥미를 돋우기 위해서 과장을 하는 일도 있으나 미카도의 시하스제는 신전이 오래된 건축물이고, 전설을 뒷받침하는 지명이 남아있는 데다 또 왕족과 고관대작이나 가질 수 있는 대륙계의 보물급 유물이 소장 된 것으로 보아 단순히 전설로만 취급할 수는 없다. 또 미카도 마을의 진산인 스미즈다께(淸水岳)에 백제에서 건너간 오야마쓰미(大山積神)를 제사하고 있는 점도 잊어서는 안 된다.

2) 시하스마쓰리의 진행

시하스마쓰리는 히끼(比木)신사의 복지왕신(福智王神)이 오도시신사 (大歳神社)의 모신(母神)을 방문하고, 모신과 함께 아버지 신이 있는 미카도신사에 1년에 한 번 찾아가는, 9박10일간에 90km를 왕래하는 제의 행사를 말한다.

히끼신사의 기록에 의하면 '백제의 복지왕은 나라가 망하자 아기국 (安藝國) 엄도(嚴島)에 피신하였다가 다시 배를 타고 다카나베정의 가구치우라에 상륙하여 히끼에 살게 되었으며 매우 덕이 있어 합사했다' 고 한다.

시하스제가 히끼신사에서 출발하는 것으로 보아 부자 상면의 제의(祭儀)임에 틀임이 없다. 부부 대면이라면 오도시신사에서 출발해야 하는데, 그러한 의식은 없고 행렬은 후쿠로가미(袋神)라 해서 2m쯤 되는 막대기에 천으로 된 자루를 매다는데 그 안에 히끼신이 들어 있다고 하여 행렬의 맨 앞에 서게 된다. 즉 오도시신사는 거쳐갈 뿐, 신을 모시고 가지는 않는다.

히끼신사에서 오도시신사를 거쳐 미카도신사까지는 90km나 되고 옛날에는 걸어서 가야 했기 때문에 9박10일이 걸렸다. 그러나 근래에는 자동차를 이용해서 당일에 미카도에 도착하니까 이제는 2박하고 돌아오니 2박 3일로 단축되었다.

옛날의 일정과 행렬 코스는 다음과 같다.

제 1 일	음 12월 14일	히끼(比木)를 출발해서	
		가네가하마(金浜)	숙박
제 2 일	15일	시오미(鹽見)	숙박
제 3 일	16일	하이다(羽板)	숙박
제 4 일	17일	쓰보야(坪谷)	숙박
제 5 일	18일	미카도(神門)	숙박
제 6 일	19일	미카도(神門)	숙박
제 7 일	20일	미카도(神門)	숙박
제 8 일	21일	우쓰보(羽坪)	숙박
제 9 일	22일	도노(都農)	숙박
제 10일	23일	히끼(比木)	도착

긴 여정인데, 가면서 중간 중간에서 요청이 있으면 영인(怜人)으로 하여금 춤을 추고 제화초복의 축원을 베풀기도 한다. 신사나 기업체에서 요청이 있으면 굿을 하고 여흥도 있어 먼 길에 심심하지 않게 행렬할 수 있었다. 중도에 술과 음식의 향연을 베풀어주는 곳도 있었다.

2박 3일로 일정이 단축된 것은 패전 이후의 농경시대에서 산업사회로 전환하면서 일손이 모자라는 데다 또 바빠서 옛날처럼 여러 날 할 수가 없고 자동차가 보급되니 걸어가는 고생보다는 차를 이용하게 되었기 때문이다.

1991년의 예를 보면 12월 18일에 히끼신사에서 출발하여 자동차를 타고 이사카(伊佐賀)까지 가서 미카도에서 마중나온 일행과 만나 함께 어울려 7시경에 미카도에 도착했다. 그리고 미카도에서 2박하고 3일째 되는 날 히키로 돌아왔다. 옛날에는 10일 걸리던 것을 2박3일로 지금은 단축한 것이다. 즉 시대의 변화를 수용한 셈이다.

3) 히키신사를 출발해서 이사카(伊佐賀)까지

시하스마쓰리의 첫날 아침 8시 히키신사에서 신사 관계자와 마을 사람들이 모여 어신행(御神幸)의 신의가 있다. 궁사의 주제(主祭)로 출발하는 제사를 마치고 신직자 5인, 신자대표인 우지코총대 5인, 우지코 8인, 도합 18인의 행렬이 히키신사를 출발한다.

행렬에서 가장 중요한 일은 히키신을 모시는 일인데 1m쯤 되는 몽둥이에 하얀 보로 싸서 왼쪽 어깨에 메고 간다. 하얀 보 속에는 무엇이 들어 있는지 아무도 모른다. 무겁고 단단한 인상이어서 돌이 아니면 나무토막 같기도 하나 아무도 속에 들어 있는 신체를 본 사람이 없어서 알 수 없다는 것이다. 즉 신성하니 아무도 안에 있는 상자는 절대로 열어서는 안되는 엄격한 금기가 있다. 보자기로 쌌으니까 보통 후쿠로가미(袋神)라 부르고 있다. 후쿠로가미는 비가 와도 젖지 않고 이슬을 맞지 않도록 삿갓 같은 모자를 씌우는데, 여기에 주먹 크기의 붉은 꽃이 다섯 송이가 장식되어 있다. 그 이유에 대해서는 아무도 모른다고 하나 우리 호남지방의 농악대 모자와도 같고 또 오행(五行)에서 유래했을 가능성이 있는 것으로 이해된다. 신성하기에 궁사라 할지라도 열어봐서는 안 되는 엄격한 규칙과 믿음이 지켜지고 있는 것이다.

행렬은 맨 앞에 신사기(神社旗)가 서고 어폐(御幣)·후쿠로가미·신
직자·총대·우지코의 순이다. 기와 후쿠로가미와 어폐는 반드시 왼쪽
어깨에 메고 가야 한다. 옛날에 미카도까지 걸어서 갔으나 현재는 히끼
마을을 벗어나면 자동차에 나누어 타고 미미쓰(美美津)까지 가서 바닷
가의 고갯길을 걸어서 가는데 미리 준비한 화지(和紙, 우리의 화선지와
같은 한지)로 심지를 꼬면서 간다. 그래서 이곳을 고요리사카 즉, ‘심지
고개’라고 부른다. 심지를 꼬아서 남근이 들어갈 수 있을 정도의 둥근
원형 고리를 내는데, 한 성직자는 20개나 만들었다고 자랑을 했다. 이
고 심지는 가는 도중에 여인들이 돈을 주고 사가는데, 이것을 갖고 있
으면 병에 걸리지 않고 또 수태를 잘 하게 된다는 것이다. 그래서 여성
들에게 인기가 있다.

근래에는 심지를 미리 많이 만들어 가서 원하는 사람들에게 팔고 있
으며 부조로 돈을 내는 사람에게도 나누어 주고 있었다. 여인들은 심지
를 사다가 불단이나 가미타나(神棚) 앞에 놓아 둔다. 출산 후에는 태반
과 함께 버린다는 사람도 있다.

일행의 첫 기착지는 가네가하마(金浜)이다. 정가왕이 이곳에 표착해
서 상륙했다는 곳이다. 행렬 일행은 바다에 들어가서 해수로 목욕재계
하는 의식이 있다. 백사장에는 미리 높이 4m쯤 되는 대나무 두 개를
폭 5미터 거리에 세우고 여기에 왼쪽으로 꼰 새끼줄을 금줄로 친 후 세
개 백지로 된 어폐를 세개 달아 장식해 둔다.

바다에서 목욕재계

　신직자 중 세명이 옷을 벗고 나체로 신체를 메고 바다를 향해 재배한 다음 바다에 들어가는데, 가슴까지 차는 깊이까지 들어가서 심신을 정화하는 의식을 갖춘다. 12월의 바다는 물이 차고 해풍이 불어 매우 추웠으나 옛날부터 전해오는 전통적인 의식이니 그대로 계승하고 있다는 것이다. 원래는 일행 18인이 모두 바다에 들어갔으나 젊은이만 하게 되고, 현재는 행렬에 신참자만 한다고 한다. 가네가하마에서 목욕재계하는 것은 정가왕이 피난길에 상륙한 곳이요 상륙했을 때의 상황을 재현하면서 심신을 정화하고 아버지인 미카도신을 찾아뵙는다는 의미가 있었다.

사주제 2인의 대무

　가네가하마를 떠나 옛날에는 여러 곳에서 청하는 대로 굿을 하였으나 지금은 정가왕과 관계 있는 곳에서만 행사를 한다. 일행은 오로시고(卸兒)란 곳에 도착한다. 오로시고란 아이를 내렸다는 뜻으로 정가왕을 따라온 한 여관(女官)이 이곳에서 아이를 출산하였기 때문에 지어진 지명이다. 도로에서 100m쯤 거리에 개울이 있고, 개울 둑에 큰 바위가 있어 그 바위 앞에 임시로 제단을 만들고 제물을 차려 제의를 행한다. 제물은 쌀·소금·떡·무 세개씩 묶은 다발 세개·어폐(御幣)·가느다란 대나무를 묶어서 놓는다. 어패는 백지를 가늘게 썬 것으로 우리의 신장대와 비슷하고, 가는 대는 여러 개를 묶어 다발로 놓는데 이것은 신에

게 바치는 신목(神木)이며 부정
을 떨어내는 기능을 지니고 있
다.

궁사가 2박 3배하고 노리도(祝
祠)를 읽고 나면 신직자와 우지
코 일행도 차례로 앞에 나아가
절을 한다. 이러한 신사(神事)에
는 융통성이 있는지 이 행사에
참석한 필자에게 사람들은 '먼
곳에서 왔으니 참여하라'고 권했
다. 신직자 2인이 나와서 마주서
서 춤추는 가구라(神樂)의 대무

무녀의 방울

(對舞)가 있다. 이 대무를 추는 사람을 영인(怜人)이라 부르는데 예능의
기능을 지니고 있으며 행사 도중 여러 곳에서 가구라 대무춤을 춘다.

신의의 절차가 끝나면 마을 주민들이 공양으로 올린 떡을 던져 주는
데, 이 떡을 먹으면 행운이 있다고 해서 사람들은 떡을 받으려고 애쓴
다. 일종의 신인공식(神人共食)의 절차로 우리의 음복에 해당한다. 한
편에서는 지역 주민들이 마련한 주먹밥으로 점심을 먹는다.

제물 진설에 쌀·소금·무를 놓는 것은 모두 익히지 않은 생것으로
옛날부터 이어져 온 신의(神儀)이다. 가구라를 추는 신직자는 왼손에
부채, 오른손에 방울을 든다. 방울은 3단으로 상단에는 3개, 중단에는

사주제 산궁제

5개, 하단에는 방울 7개로 모두 합해서 15개이다. 모두 홀수란 점도 우리의 무당 방울과 같다. 방울의 자루에는 길이 1m나 되는 청·홍·백·자·황의 5색 천이 달려있다. 오색 천이 나부끼고 방울이 울리는 상황은 우리의 무당굿과 흡사 하다.

히키신사 일행을 맞이하기 위해서 미카도 사람들은 미리 고마다도(小又吐)라는 곳까지 와서 개울에서 목욕을 하고 이사카신사(伊佐賀神社)에 가서 기다린다. 이사카신사는 원래는 산 위 고갯마루에 있었는데 산 아래로 새로 도로가 나서 아스팔트 도로가 생겼으니 아무도 험준한 고갯길을 다니는 사람이 없게 되자 하는 수 없이 신사를 아래 마을로 옮겨서 현재의 위치에 세우게 되었다.

이사카신사는 아버지와 아들이 상봉하는 곳이다. 일행은 신전의 마루에, 미카도 일행은 동쪽에, 히키 일행은 서쪽에 마주 앉아서 먼저 먼 길을 걸어서 온 히키 일행을 위로하고 히키 측에서는 마중나온 데 대해서 고맙다는 인사를 한다.

이사카신사의 신은 둘째 왕자 화지왕(華智王)이다. 정가왕과 화지왕은 적군을 맞아 이사카 고개이서 분투했으나 화지왕자가 이곳에서 전사하여 이사카대명신(伊佐賀大明神)이 되었고 신사에 모시게 된 것이다. 서로 인사가 끝나면 양쪽에서 한 사람씩 나와 춤을 추는데 역시 가구라 2인 대무(對舞)이다.

현지의 노인들 말에 의하면 고갯마루 신사가 있었던 곳에서 많은 유물이 발굴되었고 발굴된 유물을 모두 박물관에서 가져갔다고 한다. 즉 현지인들은 고갯마루가 중요한 유적지라는 것을 강조하고 있는 것이다.

이사카에서의 의식을 마친 다음 일행은 미카도를 향해서 출발한다.

4) 이사카에서 미카도까지

미카도로 가는 도중의 첫 휴식처는 시모나기(下名木)이다. 이곳에는 정가왕의 묘라고 전하는 고총(古塚)이 있다. 도로에서 50m쯤 거리에 20여 그루의 고목이 숲을 이루고 있고 그 복판에 무덤 같은 흙더미가 쌓여 있는데 한눈에 바로 고총임을 알 수 있다.

이곳에서 200명이 넘는 인근의 마을 주민들이 모두 모여 일행을 기다린다. 고총 앞에 천막을 치고 그곳에 모인 주민들이 정성껏 제공한 술병이 20여 개나 되고 음식도 많이 차려진 다음, 궁사·신직자·우지코와 마을 사람들이 도열해서 제의가 진행된다. 곧이어 영인(怜人)들의 북과 피리소리에 맞추어 가구라 대무를 하며 춤이 끝나면 술을 마시고 떡과 주먹밥을 나누어 먹는데 신인공식의 음복례(飮福禮)이다.

의식을 마치면 일행은 고총을 좌에서 우로 세 번 도는데, 이 때에 '오-'하고 소리를 지른다. 이것은 잡귀와 부정한 것을 쫓는 경필(警驆)이다. 고총을 세 번 돌고 미카도를 향해서 신작로로 나설 무렵 길 옆의 마른풀에 불을 지른다. 그러면 불은 삽시간에 퍼지고 연기가 하늘 높이 솟는다. 현지 사람들은 적과 싸울 때에 연막전술로 불을 질렀던 유습이라고 하나 우리의 '달집태우기'처럼 불로 정화하여, 이제부터 신을 모시고 가는 행렬이 무사히 미카도에 당도하기를 비는 일종의 화의(火儀)로 해석된다.

원래는 미카도에서 곱게 장식한 말 20여 필을 가지고 와서 히키 일행이 말을 타고 갔으나 지금은 말이 없으니 이제는 그러한 행사는 없어졌다. 미카도로 가는 도중 길가에는 나뭇가지나 말뚝 위에 배추·무·호박·당근·과일·술병 등이 놓여있다. 인근에 사는 농군들이 자기 집에서 생산된 농작물을 신에게 공양하는 뜻으로 가져다 놓은 것들이다. 그러면 행렬이 지나가면서 아무 말 없이 거두어 가지고 가서 도중에 시줏돈을 내는 사람에게 나누어주거나 원하는 사람이 있으면 팔기도 한다. 신에게 올린 정성이 담겨있는 채소이기에 희망하는 사람들이 있다. 농작물을 공양하면 다음해에 풍년이 들고 가정에 재앙이 들지 않고 태평하다고 믿기 때문이다.

미카도 마을에 들어오는 첫째 집이 다바루(田原)씨 집이다. 다바루가는 대대로 시하스제를 담당해은 가문으로 이 고장의 명문가이다. 다바루씨집에 도착하면 미카도 마을이 보인다. 다바루씨집 마당에 일행을 맞이하는 술상이 차려져 있다.

우선 신직자들은 다바루씨집 옆에 흐르는 개천에서 목욕재계를 한다. 이제부터 신역(神域)에 들어가니 마지막으로 심신을 정화하는 의식이다. 12월의 해질 무렵 냇물은 머우 차나 그래도 찬물로 몸을 씻으니 신앙과 전통의 힘이 대단함을 느끼게 한다.다바루씨집을 나와 일행은 넓은 신작로로 가지 아니하고 좁은 소로를 택한다. 그 이유는 신작로는 근래에 새로 만들 때에 직선을 택했으나 원래의 길은 꼬불꼬불한 소로였다. 그래서 이 곳에서부터 옛길을 따라 행렬을 하는 것이다.

행렬은 중학교 운동장에서 잠시 쉬고 옛 고분(古墳)이 있었던 자리에 미리 대나무 2개를 세워 신역(神域)임을 표시하고, 히키신인 후쿠로신(袋神)이 쓰고 온 삿갓을 벗는 의식이 있다. 아들이 아버지 앞어 나아가니 이제는 모자를 벗는 것이 예의라는 것이다.

미카도신사까지 마지막 500m의 행군이 남아있을 즈음이면 저녁노을이 하늘을 붉게 물들이게 된다. 논둑 길옆에는 높이 5~6m나 되는 탑 같이 미리 쌓아둔 나무다발이 10여 개나 있다. 이 대나무 탑을 일행이

불놓는 의식

통과하는 대로 하나하나 차례로 불을 지른다. 나무 탑 속에는 대나무가 섞어 있어서 불이 타는 대로 요란한 폭죽 소리가 나고 화염은 하늘에 충천하여 장관을 이루는 가운데 일행은 유유히 그 옆을 지나 신사의 첫 도리이(鳥居)를 통과한다.

불태우는 나무 탑은 숫자가 해마다 일정하지 않다. 주민 개인이 나무 탑을 세워 기증하는 일도 있고, 또는 기업체에서 기증하는 일도 있으니 그 해의 형편에 따라 많을 수도 적을 수도 있다. 1991년에는 나무 탑이 16개나 되었다. 이곳에서는 화의(火儀)라 해서 불로 모든 것을 정화하는 뜻이 담겨 있다.

불놓는 의식

　이 광경은 우리나라의 '달집타우기'를 연상시키고 부여지방에 지금도 전승되고 있는 동화제(洞火祭)와 매우 흡사하다. 동화제는 음력 정월 보름날에 장정들이 산에 가서 나무를 베어다가 높이 5~6m나 되게 쌓아놓고 달이 솟을 무렵 불을 지르면 하늘에 화염이 높이 솟는다. 불이 꺼지지 않고 잘 타면 그 해 마을에는 풍년이 든다고 한다. 불이 타오를 때에 상에 정화수와 제물을 차려놓고 몇 번이고 절을 하면서 기도를 드리는 시골 할머니의 모습은 매우 경건해 보여 화의와 다를 것이 없다.
　첫째 도리이를 지나 둘째 도리이에 도착하면 그 옆에 이시쓰카라고 하는 돌무덤(石塚)이 있는데 그 앞을 지날 때에는 돌을 하나 주워서 놓게 된다. 이것은 우리의 서낭당과 같은 기능이 있는 성스러운 장소임을 의미한다. 제사 마지막 날에 이곳에서 제의가 있다. 돌무덤을 지나 100m 거리에 셋째 도리이가 있고 여기서부터 미카도신사의 경내(境內)에 들어가게 된다.

미카도신사는 미카도마을 중앙에 있지 않다. 마을 중앙에는 동산이 있고, 그 동산 남쪽 숲 속에 위치하고 있다. 도리이를 지나 돌계단을 오르는 길 좌우에는 수백 년이 되었을 거목들이 서있고 숲 속의 양지바른 곳에 신사가 자리하고 있다. 일본의 신사들은 어디나 숲 속에 자리하고 있지만, 이 미카도신사 역시 예외가 아니다. 본전(本殿) 앞에 배전(拜殿)이 있고 그 서쪽에 보물전(寶物殿)이 있다. 보물전에는 앞서 지적한 바와 같이 대륙에서 전래한 동경을 비롯해서 국보급 유물들이 소장되어 있다.

일행이 도착한 것이 8시경이니 밤이다. 모닥불이 여기저기에 피워 있는데 이것은 히키신을 맞이하는 불, 즉 영화(迎火)라고 한다. 거목이 우거진 숲 속에 장작불이 타는 광경은 신비한 태초의 분위기를 연출한다.

돌계단 아래에서 궁사의 노리도(祝詞)가 있고 가구라(神樂)가 있은 다음, 부자(父子)의 신체를 신전에 모시고 주변을 정화하는 의식이 있고 나서 다시 가구라를 봉납한 다음에 히키측을 맞이하는 간친회(看親會)가 있게 된다. 서로 술과 음식을 권하는 향연을 베풀어 먼 길을 온 사람들의 고생을 위로하고 그동안의 소식을 서로 교환하여 우정을 다진다. 이렇게 해서 밤이 깊어지면 히키에서 미카도까지의 첫날 행사가 끝난다.

옛날에는 가네가하마에서 두 패로 나누어 한 패는 추류촌(秋留村)에
들러 공양을 받고 공겡바라(權現原)에서 합류한 다음, 시오기(鹽見)마
을의 구리오신사(栗尾神社)에서 밤의 제전을 마치고 군중에게 떡을 던
져주는 모찌나게(餅投) 의식이 있었다.

나가바라(中原)마을에서는 팥밥을 먹고 쉬며, 이나리(稻荷)신사에서
는 남성금제(男性禁制)로 여성만이 참배한다. 임신부들은 고 심지를 사
서 부적으로 몸에 지니고 다닌다.

오로시고(卸兒) 못미처에 산인(山陰) 신사가 있다. 미미가와(耳川)의
언덕 위에 있는데 옛날에는 꼭 들렸고 미미가와에서 목욕재계를 했다.
이곳에서도 가구라가 연주되고 신주를 음복하면서 우의를 다졌다. 이
곳 마을 부인들도 고 심지를 사서 안산(安産) 부적으로 삼았다.

이렇듯 옛날에는 9박 10일 동안 여유 있게 즐기면서 행렬을 이루어
행진했고 곳곳에서 가구라를 했으며 중요한 지점에서는 신의가 있었
다.

5) 시하스제의 제의(祭儀)

둘째 날 아침에는 신체(神體)에 옷을 갈아입히는 행사부터 시작한다.
신직자와 우지코 일동이 사무소(社務所)에 모여 아침밥을 먹은 다음 정
장(正裝)을 한다. 궁사가 홀(笏)을 두 손으로 받들고 나오면 일행은 조
모(鳥帽)를 쓰고 부채를 손에 든다. 우지코 대표가 맑은 물로 입가심을

히끼신사

하고 손을 씻은 다음 쓰레기를 불태우는데, 이 때에 영인(怜人)들이 북과 피리로 연주를 한다.

신등(神燈)에 불을 밝히고 제상에는 야채·쌀·생선·닭고기를 진설한다. 옛날에는 물새 고기를 올렸으나 근래엔 닭고기로 대치한다고 한다. 궁사의 축사 낭독이 있은 다음 2박3배하고 신수(神樹)를 올리고 소금물에 적셔 좌우에 뿌리는데, 이것은 재액과 부정을 쫓아내는 신의(神儀)이다.

히키와 미카도신사의 궁사 등 신직자 4인이 백지로 마스크를 하고 신전에 들어가 신의 옷을 갈아입히는 의식이 있다. 신체는 백지로 여러 번 겹겹으로 싼다. 신체를 노출시켜서는 안 되며 따라서 신체를 본 사람이 없다. 해마다 제의 때 옷을 갈아 입히지만 겉종이만 걷어내고 속종이는 갈지 않기 때문에 속을 볼 수가 없다. 촉감으로 돌 같다는 사람도 있고 단단한 나무 같다는 사람도 있다. 이번 행사 때에 일본의 국영방송인 NHK에서 촬영하려고 했으나 완곡히 거절당하여 신전에서 옷을 갈아입히는 의식만은 촬영하지 못하고 먼 거리에서 촬영하였다. 신체의 신성성(神聖性)이 중요시되고 있어 신앙의 완고함을 느끼게 했다. 신직자 4인이 2인씩 두 조로 나누어 신의(神衣)를 갈아입히는데 정성을 다하고 백지를 꼬아 끈을 삼아서 몇 번이고 싸기 때문에 30분이나 걸린다.

신체에 옷을 갈아입히면 신체를 메고 뒷산에 있는 돈타로(鈍太郎)의 묘로 행렬을 한다. 신사의 서쪽에 있는 비탈길을 신직자·우지코·주민들의 순서로 선다. 행렬의 앞에서 북을 치면 일행은 '오-'하고 소리를 지르는데 어디까지나 이것은 길목의 부정한 것을 정화하는 경필이다. 돈타로는 전설에 의하면 정가왕이 적에게 포위되어 곤경에 처해 있을 때에 크게 도와주었으며 의리가 있는 토호(土豪) 또는 장군이라고 전한다. 여하튼 신사의 뒷산에 무덤을 썼으며 같은 날 제사하는 것으로 보아 정가왕과는 밀접한 관계가 있었던 것으로 생각된다.

돈타로의 묘는 우리의 묘와 같이 흙이 쌓여있고, 그 주변에는 나무가 울창하게 서 있다. 일설에는 파전하여 돈타로의 목만 묻었다는 얘기가 있다.

묘 앞에 메고 간 신체를 놓고 영인들은 가구라춤을 춘다. 장군 가구라라고 해서 두 사람이 마주 서서 추는 대무이다.

궁사가 소금을 사방에 세 번씩 뿌리고 술을 석잔 올리는 삼헌(三獻)을 한다. 미카도와 히키에서 1인씩 나와서 공중에 활을 세 번씩 쏜다. 화살이 땅에 떨어지면 사람들이 우루루 몰려 서로 먼저 화살을 주우려고 한다. 이 때의 화살은 재수가 좋다고 해서 집에 장식을 한다는 것이다.

돈타로의 묘를 세 번 돌고 다음 산궁(山宮)으로 옮기는데 이 때에도 북소리에 맞추어 '오-' 하는 경필을 일동이 합창한다. 산궁은 돈타로 묘에서 50m쯤 내려간 곳에 있다. 당(堂)이 따로 있는 것이 아니라 큰 삼목을 벤 자리가 산궁이다. 메고 간 신체를 나무등걸에 세워두고 신직자 2인이 나와 서도 마주하여 대무로 가구라를 행한다. 춤추는 사람은 오른손에 부채, 왼손에 방울을 들고 춘다. 사람들은 '농사가구라' 또는 '모심기 가구라' 라고 하는 것으로 보아 풍년을 기원하는 우리의 산신제와 같은 성격의 제의이다.

산궁 바로 옆의 공간에 높이 3m쯤 되는 청죽(靑竹) 2개를 세우고 이곳에서도 가구라를 한다. 미카도와 히키에서 한 사람씩 나와서 대나무를 흔들어 가구라 연주를 방해하고 모자를 땅에 떨어트리는 등 장난을 한다. 우리의 강신을 비는 무당굿이 연상되는데, 대나무를 흔드는 것은 곡식이 익어 풍년을 상징하는 것이라고 한다.

가구라가 끝나니 구경꾼들이 일제히 뛰어들어 대나무 가지를 꺾어 가지고 간다. 그 이유는 가구라에 사용한 대나무를 집에 가져다 두면 재앙이 없고 가축이 건강하고 번식을 잘 한다는 것이다. 현지 태생의 노인의 말에 의하면 산궁은 군마(軍馬)의 신이며 백제왕이 말을 타고 미카도에 와서 싸우다 말이 죽어 묻은 말무덤(馬塚)이라 했다. 청죽 가지를 가져다가 마구간에 꽂아 두는 것은 가축, 특히 말이 병들지 아니하고 새끼를 잘 낳으라는 의미에서 청죽가지를 수호신으로 삼는 까닭이 여기에 있다고 주장했다.

산에서의 제사가 끝나면 일행은 산에서 내려와 신사의 마당을 지나 마을 앞에 흐르는 고마루가와(小丸川)로 간다. 고마루가와에서 원배(遠拜)·세탁의(洗濯儀)·노야끼(野燒)·돌 나르기의(石運儀)의 네 가지 의식이 치러진다.

고마루가와에 가려면 논둑길을 가야 하는데, 가는 도중 일행은 북쪽 멀리 있는 산을 향해서 신직자들은 부채를 손에 들고 절을 한다. 먼데 있는 산은 시미즈야마(淸水山)인데 높이는 1,205m이고 원래의 이름은 '산신(山神)'이라 했다. 신산(神山)이 아니라 '산신'이라 부르는 것으로 보아 산 자체를 신격시하고 있으며 그러하기에 오랜 산신신앙에 따라 꼭 원배하는 것이다. 시미즈산을 조사했는데, 산 정상에는 작은 당집이 있었으며 오야마쓰미신(大山祇神)을 주신으로 모시고 있었다. 오야마쓰미신은 백제에서 건너간 산신이란 점으로 미루어 백제와의 관련이 있음을 알 수 있다.

원배를 마치고 고마루가와에서 빨래를 한다. 정가왕의 부인이 일년에 한번 찾아 왔으니 남편의 옷을 빨아 준다는 것이다. 혹은 아들의 옷을

사주제 빨래하는 의식

빨아준다고 해서 모성애의 표현이라는 주장도 있다.

빨래를 거의 마칠 무렵, 신직자 한 사람이 고마루가와의 둑 마른 풀에 불을 놓는다. 마른 풀이라 불이 훨훨 타오르고 연기가 하늘 높이 솟아오른다. 이것을 노야키라고 하는데, 우리의 쥐불놀이와 같은 것이다. 불로 정화하고 재생을 기대하며 곤충도 없애는 효과가 있었을 것이다.

연기가 무럭무럭 오르는 가운데 일행은 각자 개울에서 돌을 주어 백지로 싸서 왼쪽 어깨에 메고 돌아 온다. 돌은 도리이 근처에 있는 돌무덤에 놓는다. 이 돌은 누구든 가져가지 못하며 만일 이 돌을 가져다 쓰면 신의 벌을 받는다고 믿고 있었다. 현지 노인들의 말에 의하면 해마

다 돌을 가져다 놓는테도 돌이 늘지도 않고 줄지도 않으니 그것이 기적
이라고 하였다. 돌무덕은 우리의 서낭당과 같은 기능을 갖고 있었다.

미카도신사 안에 들어온 일행은 신사의 본전을 좌에서 우로 세번 돌
고 돌계단을 내려가 도리이까지 갔다가 다시 오른다. 미카도신은 본전
에 안치하고, 히키측은 보물전 앞에 서서 서로 인사를 하고 미카도 측
에서 아버지가 아들에게 벼 나락을 건네준다. 미카도에서는 신전(神田)
을 가지고 있어서 첫 이삭을 도아 두었다가 종자 씨나락으로 삼는데 히
키 측에게도 나누어준다. 그러면 히키측은 나락을 잘 간직해 두었다가
다음해에 씨나락으로 삼는데 그렇게 하면 풍년이 든다고 한다. 풍작을
바라는 농경민족의 소박한 농경의식(農耕儀式)이다.

저녁을 먹고 신사 뜰에서 밤 가구라(夜神樂)가 시작된다. 광장 한쪽에
천막을 치고 무대를 가설하여 조명등까지 준비되어 있다. 무대 뒤쪽에
사람들이 기증한 술병이 20~30개나 진열되어 있다. 도리이에서 올라
가는 계단과 뜰에 각종 야시점(夜市店)이 임시로 만들어지는데 주로 과
자·빵·떡·생선구이·오뎅 등 먹거리가 많다. 완구며 값이 싼 물건
들이 진열되어 사람들을 유혹하고 있다. 손님을 부르는 호객소리도 요
란하다. 이들은 모두 쿠인회에서 나서 운영한다고 하는데, 여기서 남는
이익금은 해마다 열리는 이 행사에 쓰이는 것이다.

광장 한 쪽에는 통나무 장작을 태우는 모닥불을 마련해 두어 겨울밤
의 추위에 대비한다. 불빛에 비치는 얼굴들이 흥겨운 표정들이다. 마을
사람들이 저녁밥을 먹고 나올 수 있는 7시경에 가설무대에서 가구라가

시작된다. 무대 정면에 신직자 두 사람이 정좌하고 그 앞에서 먼저 소년 두 사람이 마주서서 가구라를 춘다. 이곳에서는 어른들만 추는 것이 아니라 후계자를 양성하는 프로그램이 있어 젊은이들에게 가구라를 전수시키고 있다.

미카도 가구라는 모두 33번까지 있으니 매우 다양하다. 딴 곳에서는 가구라를 출 영인(怜人)이 없어서 제사 때면 초청해서 가구라를 하는 일이 흔한데 미카도와 히키 마을에서는 소년들을 평상시에 교육시키고 있어 잘 전승되고 있다.

미카도의 이웃인 시이바(推葉)·다카치호(高千穗) 등에는 다양한 가구라가 전승되고 있어 무형문화재로 지정되어 있으며 미카도의 가구라도 그 영향을 받아 주민들이 호응하여 잘 보존되고 있다.

가구라의 한 장이 끝나고 다음 장으로 옮겨갈 때에 영인들이 더디게 나올 때는 사람들이 기다리다 못하여 빨리 나오라고 독촉을 한다. 춤꾼들이 빨리 나오기를 바라며 익살스런 민요를 부르는데, 그 노래는 이러하다.

> 나와라 나와라 가구라야 나와라
> 가구라 안나오면 내가 나간다.
> 나와라 나와라 가구라 빨리 나와라
> 가구라 아니 나오려면 며느리라도 내보내라

술에 취한 목소리로 민요곡에 맞추어 노래 부르면 사람들이 폭소를 하고 여기저기에서 짖궂게 독촉하는 소리를 지른다. 완전한 축제 분위기이다. 중간에 떡을 던지는 절차가 있다. 신직자 2~3인이 큰 그릇에 떡을 담아 가지고 나와서 군중을 향해서 떡을 던진다. 사람들은 이 행운의 떡을 받으려고 아우성이다.

한 쪽에서는 술을 마신 쉰 목소리로 노래를 부르고 모닥불 옆에서는 작은 떡을 구워서 먹고, 흥겨운 분위기가 그야말로 축제의 난장판이다. 사람들은 엄숙한 제의보다는 밤중의 가구라를 즐기고 있었다. 이렇게 해서 밤 12시가 넘도록 사람들은 웅성대고 흥에 넘쳐 있었다.

6) 작별

제사 3일째 날은 히키의 일행이 작별하고 돌아가는 날이다. 그래서 아침 식사는 작별의 향연이다. 양측의 신직자와 우지코들이 한 자리에 모여 마주 앉아 아침밥을 먹는데 관습에 따라 생선을 구워서 먹는다. 마을 부녀회원들이 시중을 드는데, 생선은 왼손으로 받고 술은 오른손으로 받는다. 시하스마쓰리도 이제 끝났으니 서로 수고를 위로하고 내년에 다시 만날 것을 약속하면서 환담을 주고 받는다. 신을 공손하게 잘 모셨으니 재앙이 없고 풍년도 들 것이며 마음 놓고 태평하게 지낼 수 있어 두 마을의 화합된 분위기이다.

향연이 끝날 무렵 부인들은 미리 마련해 감추어 두었던 먹물 그릇을 들고 나와 돌아다니면서 남성들 얼굴에 먹칠을 한다. 남성들은 먹칠을 당하지 않으려고 이리저리 도망다니고 부인네 들은 짓궂게 쫓아다니면서 먹칠을 한다. 그런가 하면 남성들이 먹물 통을 빼앗아 부인들에게도 먹칠을 하니 서로 뒤엉키고 폭소가 터져 한바탕 희극이 벌어진다. 점잖은 궁사의 얼굴도 먹칠되고 정숙한 부인의 얼굴에도 의젓한 할머니의 얼굴에도 먹칠이 된다.

먹통을 든 사람들은 밖으로 나와 마을 사람이건 외지에서 온 관광객이건 사정없이 다니면서 얼굴에 먹칠을 한다. 오랜 관습이니 불평하는 사람은 없다. 얼굴에 먹칠한 것이 정상이고 먹칠이 없는 사람이 오히려 비정상적이다. 얼굴에 하려다가 몸부림하는 바람에 옷에까지 먹물이 묻는 일도 있으니 온순하게 체념하고 순종하는 이도 있고 미리 알아차리고 멀리 도망치는 젊은 여인네들도 있다. 이 날은 먹칠을 당하고 축제분위기를 체험할 수 있어 일체감의 즐거움에 빠질 수도 있으므로 아주 낭만적인 분위기이다. 이것을 '혜구로 누리'라고 한다.

히키 일행들은 얼굴에 먹칠한 채 길을 떠나 십리쯤 가서 비로소 세수를 한다. 얼굴에 먹칠을 하는 것은 변신을 뜻하는 것으로 이해된다.

우리의 민속에도 유아를 업고 외출할 때에 얼굴에 먹칠을 하고 혼인 때 함을 지고 가는 사람의 얼굴에도 먹칠을 하거나 솥 밑의 검정을 바르고 옷에다 숯이나 고추를 달고 가는 일이 있는데, 이는 부정 타지 않고 질병에 걸리지 말고 건강하기를 비는 의도가 숨어 있었다.

한참 웃고 떠들다가 배전(拜殿)으로 가서 서로 대좌한다. 2박 3배하여 제의가 모두 끝났음을 신에게 고하고 신전에서 미카도신과 히키신을

오사라바 장면

모셔내어 각 대표들이 왼쪽 어깨에 메고 길을 나선다.

히키에서 미카도에 올 때에는 '올라간다'고 하고 미카도에서 히키로 갈 때에는 '내려간다'고 말한다. 아버지 신이 상위이고 아들 신이 하위란 서열이 뚜렷하게 의식되어 있다.

히키신이 미카도에 올 때에는 이사카에서 만나 아버지신인 미카도신이 앞섰으나 내려갈 때에는 히키신이 앞선다.

일행의 긴 행렬이 첫 도리이를 지나서 오던 길을 되돌아 가는데 미카도 사람들이 논두렁에 줄지어 서서 작별을 한다. 손에는 냄비·솥·솥뚜껑·밥주걱·조리·부지깽이 등 주로 부엌에서 쓰는 취사도구를 가

지고 나와서 높이 흔들면서 '오- 사라바(お さらば)'를 수없이 몇 번이고 외친다. '오- 사라바'란 '그러면 잘 가시오'의 뜻이라 한다. 행렬이 거의 안 보일 때까지 사람들은 '오- 사라바'를 계속한다.

행렬은 중학교 운동장의 미카도로 올 때에 갓을 벗은 자리에서 다시 갓을 쓰는 절차가 있다. 여기에서 미카도신은 돌아오고 히키 일행은 가다가 개울에서 얼굴의 먹물을 씻고 나서 히키로 향한다. 옛날에는 우사카(羽坂)에서 1박하고 배를 타고 미미천을 내려가 미미쓰에서 상륙해서 히키로 돌아왔다. 먼 길을 가다 보니 도중에 여러 곳에서 음식과 술의 향연을 받았다.

미카도에서는 마을 사람들에 의해서 신사 경내의 천막을 철거하고 청소를 한다. 쓰레기를 모아 불태우는데 이것을 히가미사이(火神祭)라 한다. 우리의 굿이 끝나고 마지막에 하는 소제(燒祭)에 해당한다. 일을 한 사람들이 모여 남은 음식을 나누어 먹고 시하스마쓰리는 끝난다.

7) 시하스제와 백제문화

(1) 백제왕 전설과 유적

시하스제는 백제왕 전설을 배경으로 성립하고 있다. 정가왕과 그 가족 그리고 그들이 거느리는 권속들의 이야기로 구성되어 있다. 즉 정가왕은 중앙에서 미카도로 피난할 때에 혼자 온 것이 아니라 일행을 거느리고 왔으니 식구도 많았을 것이며 따라서 그와 관련되는 유적도 여러 곳에 산재해 있다. 정가왕에 대한 역사의 기록은 없다. 그러함에도 이 곳에서는 정가왕 일행의 전설이 믿어지고 있으며 구체적인 증거물로 여러 유적이 남아있어 더욱 확고한 사실처럼 되어 있다.

미카도 마을에 가면 백제를 실감케 하는 여러 현상을 발견할 수 있다. 마을 입구에 천하대장군의 장승이 서 있고 자료관은 기와집에 단청을 했는데 단청 기술자를 한국에서 데려다 시공했다. 서쪽 산 언덕에 정자를 지었는데 부여 부소산 낙화암 위에 있는 백화정(百花亭)을 그대로 옮겨다 놓은 것처럼 똑같게 지어져 있어서 한국 특히 백제를 의식한 여러 흔적을 찾아 볼 수 있다.

난고손사무소에는 국제교류원이라 해서 한국여성 한 사람을 채용하여 한국의 백제문화와의 교류임무를 맡고 있으며 또 한국에서 찾아오는 손님을 안내하고, 저녁에는 직원이나 일본인에게 한국어를 강습하고 있어 한국, 특히 백제권과의 교류를 적극적으로 추진하고 있음을 알수 있다. 그만큼 미카도에서는 한국에 대한 인식이 깊고 우호적인데, 모두가 백제 정가왕이 자기네 고향에 와서 살았다는 것을 긍지로 삼고 있으며 전설을 믿고 있기 때문이다.

제사는 히키신사에서 출발하여 미카도까지 왕래하는 것을 위주로 하고 있으나 그밖에도 여러 곳에 산재해 있다.

전설에 의하면 가네가하마에 상륙한 이는 정가왕과 둘째 아들 화지왕·유모·여관·사인(舍人)으로 되어 있으나 장남 복지왕과 그 어머니인 정가왕비 일행은 가구치우라(蚊口浦)란 곳에 상륙했다. 한 가족이 따로 상륙했다는 것은 배가 작아서 배 한 척으로는 다 승선할 수가 없어서 나누어 탄 것으로 해석되며 또한 풍랑이 심해서 한 곳에 상륙하지 못하고 제각기 딴 곳에 상륙해야 하는 고난이 많았던 것으로 해석된다.

미카도의 신사 외에 이사카의 화지왕묘, 오로시고의 궁녀가 아기를 낳은 자리, 아기를 목욕시켰다고 하는 우부노(産野)가 있고 히키신사는 복지왕을 제사하는 것으로 되어 있으며 경내에는 고바이덴(紅梅殿)이라 해서 궁녀를 모시는 당이 있고 또 시종 들던 관원들의 사당이 있다. 신사의 앞 숲속에 묘가 있는데 복지왕의 묘라는 비석이 서 있다.

해변에 가면 왕이 상륙했을 당시 옷이 젖어서 바위 위에 널어 말렸다고 하는 히모로게라는 것이 있다. 히모로게는 옷을 펴서 널어 말린 곳이라는 뜻이다. 또 왕이 탄 말의 안장을 걸어 놓았다는 구라가케이시(鞍掛岩)도 서 있다.

오도시신사(大歲神社 또는 大年神社)에는 정가왕 왕비를 제신으로 삼고 있으며 여기서 가까운 곳에 지금은 폐허만 남아 있는 대선사(大仙寺) 자리에 왕비의 묘로 전하는 석탑이 남아있다. 그래서 현지에서는 왕의 묘소 가까운 곳에 신사를 짓고 제사하고 있다는 것이다. 정가왕비의 이름은 시키노히(之伎野妃)라 하였는데 이 일대의 지명은 시키노라고 부르고 있다.

히키신사에서 출발하여 미카도로 향할 때 옛날에는 미야다신사(宮田神社)에 들러 하룻밤을 자고 갔다는데 이곳의 제신은 또 다른 왕비이거나 또는 공주일 것이라고 한다. 이곳의 제신이 여신이고 정가왕이 하루

밤을 자고 간다는 데서 여러 억측을 낳고 있다.

전설은 언제나 이야기를 뒷받침하는 증거물이 있어서 주변 사람들은 믿고 신뢰하는 것이다. 정가왕이란 인물을 역사나 문헌상으로 고증할 만한 근거는 없으나 일대에 수많은 흔적이 남아있으니 믿을 수밖에 없고, 그러니 해마다 제사하고 연중행사로 정착된 것이다. 이렇듯이 수많은 전설과 유적은 아무 근거도 없이 생긴 것은 아니며 어떠한 한 역사적 사건을 배경으로 해서 성립되었을 것이다. 즉 전설이 역사의 부산물로 역사 해석의 중요한 자료가 되는 경우가 많다.

(2) 불의 의식(火儀)

시하스제를 보면 불을 놓는 의식이 자주 있다. 신사에서 제를 올릴 때에 불을 밝히는 일을 비롯하여 노제(路祭)를 지낼 때에도 반드시 불을 밝히고 제의를 거행한다. 그러나 이러한 예는 전 세계 어디에서나 볼 수 있는 현상이니 나무랄 것이 아니나 정가왕 묘의 길 옆 언덕에 불을 놓는 일, 행렬 일행이 미카도에 들어 올 때에 미리 나무를 쌓아 놓았다가 불 지르는 일, 고마루 내에서 빨래하는 의식을 마치고 돌아올 때에 내둑에 불을 놓는 일은 매우 의도적인 것이며 제사의식의 한 과정으로 진행되고 있다. 즉 시하스제는 불과 밀착되어 있고 그 과정이 제사 의식에 꼭 필요했던 것으로 이해된다. 옛날 일주일 동안이나 걸어서 왕래했을 때에는 더 많은 불을 놓는 의식이 있었다고 전한다. 단순히 겨울이라 춥다거나 어둠을 밝히는데 있는 것이 아니라 의식절차상 화의(火

儀)를 필요로 했던 것이다.

이러한 불을 놓는 세시풍속은 한국에도 많이 전승되고 있다. 정초에 소년들이 논두렁을 불태우는 쥐불놀이, 또 미리 나무나 짚을 쌓아 놓고 불을 지르는 달집태우기가 연중행사로 아직도 전해지고 있다. 이러한 세시풍속은 일본에서도 찾아 볼 수 있다. 그러나 미카도에 전승되는 화의와 백제문화를 관련시켜 보면 지금도 부여(扶餘) 인근인 은산(恩山)의 장벌리(長閥里), 정산(定山)의 송학리(松鶴里), 탄천(灘川)의 송학리(松鶴里)에 전승되고 있는 동화제(洞火祭)를 들 수 있다.

동화제는 정월 15일 즉 상원(上元, 대보름날) 저녁에 거행된다. 보름날 며칠 전부터 젊은 장정들이 산에 가서 나무를 해서 마을의 광장이나 논이나 밭에 쌓아 놓는다. 대보름날 아침부터 농악을 치고 마을을 돌며 흥을 돋워 준다. 이장 집에 모여 저녁을 함께 먹고 한솥밥을 먹는 일체감을 다지고, 해가 지면 나무다발을 쌓아 놓은 곳으로 모인다. 나무다발은 높이가 6미터 정도인데, 쓰러지지 않도록 속에는 큰 나무로 기둥을 세우고 겉에는 중간 중간에 매를 묶어 타는 도중에 쓰러지지 않도록 한다. 달이 솟아 마을을 비칠 무렵 나무 탑 앞에서 이장이 술을 올리고 마을에 탈이 없고 풍년이 들기를 축원하는 고사를 지낸다.

불은 위에서부터 타 내려오는데 불꽃이 밤하늘을 핥으며 장관을 이룬다. 사람들은 불을 향해서 두 손을 모아 합장하고 제각기 소원을 빈다. 옛날에는 달맞이 때처럼 서당도령은 문장이 늘기를 빌었고, 총각들은 고운 숙녀 만나기를 빌었고, 처녀들은 바느질 솜씨가 늘고 좋은 배필

만나기를 빌었다. 농군들은 소박하게 풍년 들고, 가축이 잘 자라고 집안에 우환 없기를 빌었다. 비는 내용은 제각기 다르지만 모두의 당면한 문제나 행복을 비는 것이다.

그러면 왜 새해의 첫 만월에 불을 놓고 빌었는가 하는 문제가 남는다. 새해의 첫 만월이니 시작, 다시 말해서 한 해의 출발이라는 뜻이 있었고 불은 모든 것을 밝혀 정화하며 새로운 소생과 창조를 뜻하는 것으로 인식되어 있었기 때문이다. 불을 밝히면 악귀가 접근하지 못하고 따라서 부정(不淨)한 것을 멀리할 수가 있어 생존의 안전이 보장된다고 믿었던 것이다.

이와 같은 생각에서 새해를 닺아 일년 내 있을 액을 털어 내고 평안하고자 하는 소박한 생각이 민간신앙화되어 동화제를 낳았다. 이런 배경에서 부여지방에는 이러한 세시풍속이 아직도 전승되고 있는데 이 풍속이 일찍이 정가왕 일행에 의해서 전파되어 미카도에 남아있게 된 것이다. 즉 시하스제는 일본의 향토신사(鄕土神祀)이지만 그 원류는 한국 특히 백제문화에서 찾을 수 있다.

(3) 홀수와 왼편의 방향의식

시하스제를 보면 숫자에 있어서는 홀수가 의식되어 있고 방향은 왼편이 의식되어 있음을 알 수 있다.

제물을 올릴 때에 무는 세개를 한다발로 묶어, 세다발을 제삿상에 올린다. 무를 모두 합하면 9개이다. 따라서 1과 3과 9라는 숫자가 의식되

어 있다. 신관이 춤을 출 때에도 오른손에 방울, 왼손에는 부채를 잡는
데 방울은 3단으로 되어 있어서 상단에는 3개, 중단에는 5개, 하단에는
7개로 모두 15개이다. 따라서 3·5·7·15의 수치를 찾아볼 수 있는데
모두 홀수이다. 방울자루의 아래 끝에 청·홍·백·흑·황의 5색 끈이
달려있는데 이것은오행(五行)의 5색이다.

　정가왕의 묘에서 제사를 마치고 길을 떠나기에 앞서 묘를 세번 돌며,
돈타로(鈍太郞) 묘에서도 세번 돌고 화살도 세번 쏘며, 술은 석잔을 올
리는 삼헌(三獻)이고, 마지막 작별할 때에 미카도 사람들이 좌우로 세
걸음 움직이며 손을 흔든다. 이처럼 시하스제에서 1·3·5·7·9·15
수가 채택되어 있는데 모두 홀수이다. 이것은 우연이 아니라 의식적으
로 홀수를 선정한 것이다. 짝수는 음(陰)이고 홀수는 양(陽)으로 양수의
생산성이 높이 평가된 것이라 생각된다. 즉 음양설에서 유래한 것이다.

　방향에 있어서는 왼편인 좌(左)가 의식되어 있다. 히키신사에서 출발
하는 행렬에 있어 신체·신기·어폐를 메고 가는데 모두 왼편 어깨에
멘다. 아무리 무거워도 오른쪽 어깨에 메는 일은 없다. 왼쪽 어깨에 하
는 것으로 인식되어 있다. 어찌하다 깜빡 잊고 오른쪽에 메었다가 주의
를 받는 일이 있고 스스로도 무심코 오른쪽에 메었다가 깜짝 놀라서 왼
쪽으로 바로잡는 일도 있다.

　정가왕 묘에서 세번 돌 때에도 왼편으로 돌며, 신전을 돌 때에도 왼편
으로 돌고, 돈타로 묘와 산궁도 왼편으로 돌고, 고마루 내에서 돌을 주
워도 왼편 어깨에 메고 온다.

이처럼 수에 있어서는 홀수요, 좌우의 방향에 있어서는 좌로 정해져 있다. 우보다는 좌가 높다는 인식이 있었기 때문이다.

이러한 홀수 의식이나 좌를 의식한 문화는 이미 고대의 중국문화에 있었고 한국사회에서 수용했다가 일본에 전수하였는데 문화교류가 많았던 백제를 통해서 전수되었을 개연성이 높다고 본다. 특히 마카도 일대에는 정가왕의 정착으로 더욱 그러했을 것이라 생각된다.

(4) 산신(山神)

미카도에서 멀리 원배(遠拜, 걸리서 절 하는 것)하는 산은 그 이름이 산신(山神)이다. 산에 있는 신이란 뜻보다 산 자체가 신이기에 산신이라 하였을 것이다.

미카도(神門)란 신 앞에 있는 문이란 뜻이다. 따라서 미카도를 거쳐야 신 앞에 나아갈 수가 있다. 미카도라는 지명은 일본의 여러 곳에 있다. 신사에 들어가는 문이 미카도이고, 신사에 들어가는 마을이나 신사 앞의 마을일 수도 있다.

시하스제를 지내는 미카도의 경우 미카도가 둘이 있다. 마을에 있는 미카도는 첫 미카도이고 산신으로 가는 도중 산간마을이 있는데 역시 미카도여서 둘째 미카도이다. 따라서 산신에 가자면 두 미카도를 거쳐야 했다.

시하스제에 있어 산신은 매우 중요한 위치에 있다. 두 미카도를 거쳐야 비로소 산신을 만날 수 있는데 멀어서 갈 수가 없으니 원배로 끝내는 것이며, 백제왕의 제사행렬이 원배를 해야 하는 이유가 여기에 있었을 것이다.

산신 정상에는 오야마쓰미신(大山祇神 또는 大山積神, 和多津神)의 사당이 있다. 오야마쓰미신은 백제에서 건너간 산신이다. 따라서 백제에서 건너간 산신이 산을 다스리고 있고 그 아래 마을에서 백제왕을 제사하고 있으니 우연이 아니라 무슨 곡절이 있었을 것이다.

여기에 대해서 다음과 같은 일을 가상할 수가 있다. 즉 미카도 일대에는 원래 백제인 마을이 있었으며, 마을 뒤에 있는 산에 산신을 설정하여 산 자체가 산신이며, 그 정상에 고향의 산신인 오야마쓰미신을 모셨다. 정가왕은 중앙에서 권력싸움에 패해서 고향 사람들이 많이 살고 있는 미카도로 돌아가면 안전할 것이라 믿고 피난한 것이라 생각할 수 있다. 정가왕이 미카도에 와서 현지민의 보호가 있었으며 특히 돈타로 같은 토호의 비호를 받았다는 것은 정가왕을 기꺼이 수용할 수 있는 사람들이 있었다는 얘기일 것이며 그 사람들이란 미카도의 거주민인 백제의 유민들이었을 가능성을 배제할 수가 없다.

이렇게 되면 미카도의 시하스제는 백제와의 관련이 더욱 밀접해진다.

부 록

別表 1. 백제왕씨(百濟王氏)의 서위(敍位)

*는 女性

位 階	氏 名						
從 1位	慶命*						
從 2位	明信*						
從 3位	南典	敬福	惠信*	勝義			
從 4位上	敎德	忠宗					
從 4位下	遠寶	良虞	女天*	孝忠	元忠	理伯	利善	俊哲
	仁貞	英孫	玄鏡	安義	敎法*	慶仲	貴命*
正 5位上	元勝						
正 5位下	慈敬	全福	武鏡	敎雲	聰哲		
從 5位上	永仁	玄風	元德	英孫	善貞	孝法*	貞孫	鏡仁
	敎俊	慶忠	善義	永善	安宗	淳仁	慶世	俊聰
從 5位下	文鏡	信上	三忠	善宗	淸刀自*	眞善*	眞德*
	元基	孝德	明本*	元眞	忠信	元信	難波姬*
	敎勝	敎貞	永哲	敎養	寬命	文操	慶仁	奉義
	永琳*	元仁*	慶苑	忠誠	永豊	敎凝	敎福	香春*
	貞惠	敎隆						
正 6位下	忠岑						

別表 2. 奈良時代의 百濟王氏의 紋位 (AD673~784)

氏名	位階	年
百濟王 昌成	小紫位	AD 673
善(禪)光	正廣參	693
遠寶	從4位下	713
良虞	從4位下	717
南典	從3位	737
慈敬	正5位下	744
女天	從4位上	744
全福	正5位下	744
孝忠	從4位下	748
敬福	從3位	749
三忠	從5位下	760
元忠	從4位下	764
信上	從5位下	767
文鏡	從5位下	767
淸仁	從5位下	768
理伯	從4位下	770
仙宗	從5位下	777
俊哲	正5位上	781
淸刀自	從5位下	781
武鏡	正5位下	782
利善	從4位下	783

氏名	位階	年
元德	從5位下	783
眞善	從5位下	783
眞德	從5位下	784
仁貞	從4位下	791
玄鏡	從4位下	797
文貞	正6位上	
明信	從2位	
英孫	從4位下	

別表 3. 平安時代 初期의 百濟王氏의 敍位 (794~879)

氏名	位階	年
百濟王 元基	從5位下	785
孝德	從5位下	786
忠信	從5位下	787
元信	從5位下	787
玄風	從5位上	791
難波姫	從5位下	791
善貞	從5位上	791
孝法	從5位上	796

氏名	位階	年
貞孫	從5位上	799
聰哲	正5位下	808
敎俊	從5位上	812
敎貞	從5位下	816
敎德	從4位上	816
永哲	從5位下	820
元勝	正5位上	826
忠宗	從4位上	829
寬命	從5位下	831
安義	從5位下	833
奉義	從5位下	834
慶仁	從5位下	834
慶苑	從5位下	836
元仁	從5位下	836
永琳	從5位下	836
忠誠	從4位下	837
永豊	從5位上	838
敎凝	從5位下	838
勝義	從3位	839
惠信	從3位	839
慶仲	從4位下	839
善義	從5位上	844

氏名	位階	年
慶世	從5位上	845
慶命	從1位	849
敎福	從5位下	850
永善	從5位上	853
安宗	從5位上	856
永仁	從5位上	858
淳仁	從5位上	858
香春	從5位下	859
貞惠	從5位下	860
敎養	從5位下	878
俊聰	從5位上	879
敎浚	從5位下	879
敎法	從4位下	
敎雲	正5位下	
忠岑	正6位上	

別表 4. 奈良時代의 百濟王氏의 任官 (700~783)

氏名	官位	任官年
百濟王 遠寶	常陸守	700
良虞	伊豫守	703

氏名	官位	任官年
遠寶	佐衛士督	708
南典	備前守	708
南典	播磨按節士	721
孝忠	遠江守	738
孝忠	遠江守	741
慈敬	宮內大輔	741
敬福	陸奧守	743
全福	尾張守	745
敬福	上總守	746
孝忠	左中弁	746
敬福	陸奧守	746
孝忠	大宰大貳	746
孝忠	式部大輔	749
元忠	治部小輔	750
孝忠	出雲守	750
敬福	宮內卿	750
敬福	常陸守	752
敬福	檢習西海道兵使	752
理伯	攝津亮	754
敬福	出雲守	757
利善	散位寮助	758
敬福	伊豫守	759

氏名	官位	任官年
三忠	出羽介	760
足人	陸奧介	760
元忠	大藏少輔	760
敬福	南海道使	761
文鏡	內舍人	761
理伯	肥後守	762
三忠	出羽介	763
敬福	讚岐守	763
敬福	外衛大將	764
敬福	御後騎馬將軍	765
利善	飛驒守	766
文鏡	出羽守	766
三忠	民部少輔	766
三忠	兵部少輔	767
理伯	攝津大夫	767
武鏡	但馬介	767
理伯	伊勢守	771
武鏡	主計頭	771
利善	讚岐員外介	771
理伯	右京大夫	774
武鏡	出羽守	774
玄鏡	石見守	777

氏名	官位	任官年
仙宗	圖書助	777
仁貞	衛門外佐	777
仙宗	安房守	779
俊哲	陸奧鎭守副將軍	780
仁貞	近衛員外	781
利善	散位頭	781
仁貞	播磨介	782
武鏡	大膳亮	782
仁貞	備前介	783

別表 5. 平安時代 初期의 百濟王氏의 任官 (784~879)

氏名	官位	任官年
百濟王 武鏡	周防守	784
仁貞	備前守	785
玄鏡	少納言	785
英孫	陸奧鎭守權副將軍	785
英孫	出羽守	785
玄鏡	右兵衛督	786
玄風	美濃介	787
俊哲	日向權介	787

氏名	官位	任官年
善貞	河内介	788
敎德	右兵庫頭	788
玄鏡	上總守	789
敎德	讚岐介	789
仁貞	中宮亮	789
鏡仁	左中弁 兼 木工頭	790
元信	治部少輔	790
忠信	中衛小將	790
元信	肥後介	790
俊哲	下野守	791
俊哲	征夷副使	791
忠信	越後介	791
俊哲	陸奧鎭守將軍	791
聰哲	出羽守	797
元勝	安房守	797
明信*	尙侍	797
英孫	右兵衛督	797
鏡仁	右衛士督	799
鏡仁	治部少輔	799
鏡仁	右少弁	799
玄鏡	刑部卿	799
敎德	上總守	799

氏名	官位	任官年
教俊	下野介	799
忠宗	伊豫介	804
教雲	征夷部將軍	804
元勝	內兵庫正	804
鏡仁	右中弁	805
聰哲	主計頭	805
教俊	美濃守	806
鏡仁	河內守	806
元勝	鍛冶正	806
勝義	大學少允	806
教俊	作路司	806
聰哲	越後守	806
聰哲	刑部大輔	808
教俊	陸奥介	808
教德	宮內大允	808
教德	刑部卿	822
勝義	美作守	827
善義	右馬大允	828
勝義	右京大夫	833
勝義	左衛門督	834
安義	右兵衛 兼 丹後守	834
慶命*	尙侍	836

氏名	官位	任官年
勝義	相模守	837
勝義	宮內卿	837
慶中	民部大輔	839
慶苑	河內介	840
勝義	相模守	842
惠信*	散事	842
忠誠	大監物	843
永仁	次侍從	851
安宗	安藝介	853
敎凝	侍從	854
安宗	安藝介	858
慶世	刑部大輔	859
慶世	次侍從	859
俊聰	丹波權椽	862
俊聰	伯耆守	864
敎隆	右馬大允	879

別表 6. 百濟王氏의 官職別 任官

官 職	氏 名		
○ 太政官			
少納言	玄鏡.	忠宗	
左大弁	敬福		
左中弁	仁貞	孝忠	
右中弁	鏡仁		
右少弁	鏡仁		
巡察使	善福		
○ 中務省			
少丞	忠岑		
侍從	敎凝	永仁	慶世
內舍人	文鏡		
大監物	忠誠		
中宮亮	仁貞		
左大舍人大屬	秋田		
圖書助	仙宗		
○ 式部省			
大學少允	勝義		
散位頭	利善		
散位助	利善		
○ 治部省			
大輔	敎德		

官　職	氏　名		
少輔	元忠	元信	鏡仁
○ 民部省			
大輔	慶仲		
少輔	三忠		
主計頭	武鏡聰哲		
○ 刑部省			
卿	敬福	玄鏡	敎德
大輔	聰哲	慶世	
少輔	敎勝		
大判事	元勝		
○ 大藏省			
少輔　　　元忠			
○ 宮內省			
卿	敬福	勝義	
大輔	慈敬	孝德	
大膳亮	武鏡		
木工頭	仁貞		
鍛冶正	元勝		
○ 衛府. 馬寮. 兵庫			
左衛門	督勝義		
右衛門督	勝義		

官　職	氏　名		
衛門員外佐	仁貞		
左衛士督	遠寶		
左衛士佐	敎俊		
右衛門督	英孫		
左兵衛督	玄鏡	英孫	安義
左兵衛佐	忠宗		
右馬大允	善義	敎隆	
右兵庫頭	敎德	永仁	
內兵庫正	元勝		

ㅇ 京職

左京大夫	理伯	勝義

右京少進勝義

ㅇ 內使司

尙侍	明信	慶命

ㅇ 令外官

紫微少弼	孝忠
外衛大將	敬福
近衛員外少將	仁貞
中衛少將	忠信

참고문헌

日本書紀

續日本紀

日本後紀

古事記

風土記逸文

新撰姓氏錄

日本史辭典	京都大學 國史硏究室., 東京創元社,		1974
日本史年表	日本歷史大辭典編纂委員會.河出書房.		1988
日本古代氏族人名辭典	坂本太郎.外 監修, 吉川弘文館,		1990
日本風俗史事典 日本風俗學會 弘文堂			1980
風俗辭典	坂本太郎 監修, 東京堂,		1957
日本に殘る古代朝鮮(關東編)	段熙麟	創元社	1978
日本に殘る古代朝鮮(近畿編)	段熙麟	創元社	1979
渡來人の遺跡を歩く(山陽編)	段熙麟	六興出版	1986

渡來人の遺跡を歩く(山陰.北陸編段熙麟 六興出版　　　　　1986

日本の中の朝鮮文化 1-12, 金達秀, 講談社,　　　　　1970 ～ 1991

古代豪族と朝鮮　　　上田正昭外　　　新人物往來社　　　1991

桓武天皇　　　　　　村尾次郎　　　　吉川弘文館　　　　1996

歸化人と社寺　　　　今井啓一　　　　綜藝社　　　　　　1983

百濟王 敬福　　　　　今井啓一　　　　綜藝社　　　　　　1985

古代天皇渡來史 渡辺光民, 三一書房,　　　　　　　　　1993

三島大祝家譜資料　三島敦雄　　　　　　　　　　　　　1912

百濟王神社と百濟寺跡　　　　　　　　百濟王神社　　　　1975

近江朝と渡來人　　　胡口靖夫　　　　雄山閣　　　　　　1996

百濟王仁　　　　　　金昌洙　　　　　大韓敎科書㈱　　　1975

百濟史　　　　　　　文定昌　　　　　柏文社　　　　　　1975

日本안의 百濟文化　任東權　　　　　韓國國際交流財團　1994

大將軍信仰의 研究　任東權　　　　　民俗苑　　　　　　1999